小さな会社でも
今すぐデキる！

# WEB・SNS集客術

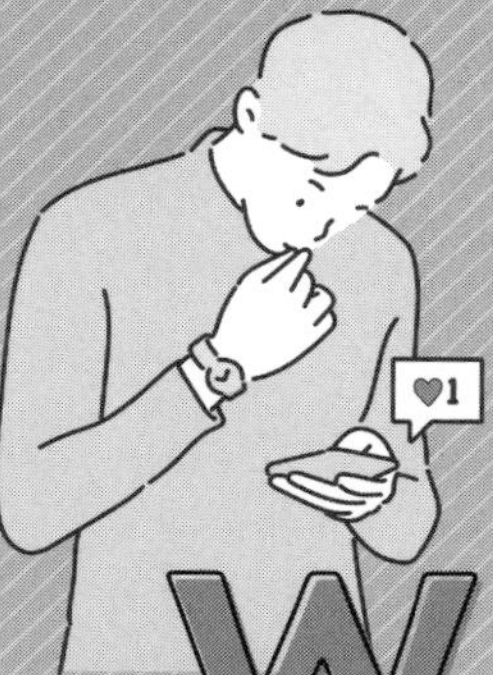

小林忠文 著

同友館

# まえがき――あなたが欲しいのは、数多くの見込み客？クレームの無い顧客？

あなたは集客に悩み、様々な集客本を手に取ったり、マーケティングセミナーに参加したりしたことはありませんか？

そんなあなたに、私の本心をお伝えします。

マーケティングノウハウとか、新しい集客テクニックとか、そういったことを求めている方には、読まないで頂きたいと思っています。

なぜなら、この本は一見当たり前に見えることが書いてあるからです。

本書は、私自身の経験から「当たり前のこと」を「低予算」で「ストレス無く実践できる」ということにフォーカスして書かれています。

ガッカリしましたか？

しかし、私はそれこそが「小さな会社の為の集客術」だと考えており、机上のマーケティングを学ぶ前に理解をしておく必要があると考えています。

それは、どんなに著名な本を読んでも、実践実行が出来なければ意味がないと考えているからです。

私は今まで、机上のマーケティング理論に翻弄され【小さな会社がやってはいけない禁忌】を犯し、限りある予算や人的リソースをドブに捨てている会社を多く目にしてきました。しかも、彼らは本書に書かれている内容を伝えるまで、ドブに捨てている事実にすら気がついていなかったのです。

当たり前のことが、当たり前に実践できていない事実。

これが、私が、この本を書こう！と思ったきっかけでもあります。

小さな会社だからこそ出来る戦略は、有名な著者や爆売れのマーケティング本には書かれていない事がほとんどです。

あ、誤解なさらないでくださいね。マーケティング本の良し悪しを伝えたいわけではないのです。多くの人に読まれる必要があるマーケティング本は、万人に共通する事項に絞られているため、我々のような小さな会社が実践するには、負荷がかかる方法が書かれている場合がある、という事をお伝えしたいのです。

ここで、あなたに質問があります。

あなたが欲しいのは「数多くの見込み客」ですか？

それとも「クレームのない顧客」ですか？

もしも、後者であるならば、ぜひ本書を読み進めてください。

選択と集中を行い小さな会社の為の戦略に特化させた本書は、きっとあなたのお役に立てるはずです。

# 目次

# 第1章

# WEB・SNSでの集客とは？

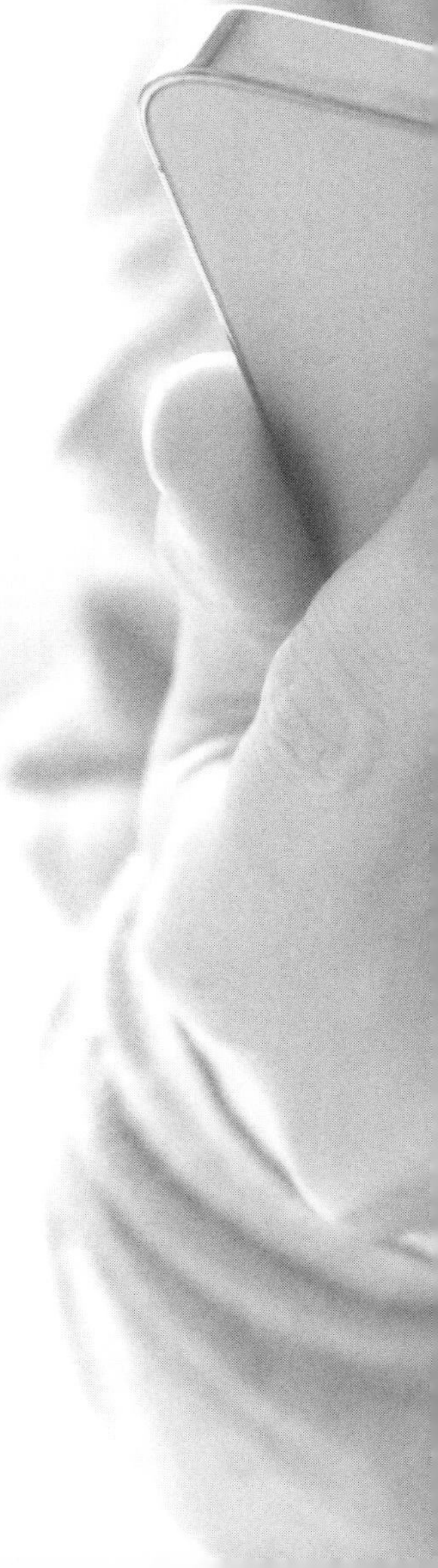

### WEBサービスはさまざま

WEB・SNSでの集客とは、インターネットでつながっているあらゆるWEB上のサービスを活用してお客様を集めていくことです。

「Google」や「Yahoo!」「Bing」などの検索サイトや、「Facebook」や「Twitter」「Instagram」「LINE」に代表されるSNS、「YouTube」や「Dailymotion」「ニコニコ」などの動画サイトなど、これらは全てWEB上のサービスです。これらのWEBサービスを駆使することでお金をあまりかけずにお客様を集めることができます。

これから私が実践してきた小さな会社でもできるWEB集客についてお伝えしていきたいと思います。

## 2000万円の売上を僅か2年で3億円に増やしたWEBサイトの魅力

### WEBは未来を見せてくれた

WEBサイトでの集客は時代遅れと思っていませんか？

今より売上を上昇させたいと思うのでしたら、業種・業態問わず共通した要素があります。

なんだと思いますか? 商品の質? サービスの良さ? ブランディング? 残念ながら、どれも違います。もちろん、重要な要素の一つではありますが、たとえば、商品の質をアップすれば売上が2倍になるでしょうか? イメージ出来ますか? ブランディングを行えば売上がすぐにアップするでしょうか?

質問の答え、それは「WEBサイト」です。

マーケティングで言われる売上の方程式【売上＝客数×単価×リピート数】、これは、客数1.4倍×単価1.4倍×リピート回数1.4倍を実現すれば売上が2倍になるという方程式です。

この方程式から私たち中小企業が学べることは、資金も人的リソースも限られている中での戦略は、何かの手段を一点集中で行うより、複数の手を打って相乗効果を視野に入れる戦略が有効である、ということだと思っています。

今はSNSの時代、WEBサイトはオワコンという声も一部ありますが、広告予算が潤沢に使える環境に無い場合が多い中小企業では、工数や手間隙の多くなる一点集中型のマーケティングで売上2倍を目指すより、WEBサイト含めた各ツールを網目のように絡ませる相乗効果により売上を倍増させていく戦略が効果的であると考えています。

そう考えるようになった大きなきっかけは、私自身の、次のような経験からでした。

起業したての頃、「セールス」というものの本質を理解していなかった私は、タウンページを使った集客を行っていました。当時はまだ大手企業以外WEBサイトが普及していなかったこともあり【専門家を探す時には電話帳を開く】という文化がありました。そこで私は、探してもらいやすい様に、会社の名前を「あ」から始まる名前にしたうえで電話帳に掲載しました。現代のように、クチコミや評価基準などの情報がない場合、表示された順番に業者をあたるだろう、と考えたのです。

Yahoo!やGoogleで調べ物をするときに、上位表示の会社をクリックし、2ページ目、3ページ目ともなると、クリックしなくなるどころか、4ページ目以降は見向きもしない。みなさんも、こんな経験をお持ちではないでしょうか？

当時の私の予測は的中し、タウンページの集客により、足で一件一件回る以上の効果が得られました。電話帳からの問い合わせは増え、順調に集客でき、そこからの紹介も派生していきました。そして、次なる課題は「見積もり」でした。私はお金の話が苦手でしたので、顧客から見積もり依頼を受け、さらに値引きなどの交渉をされると、駆け引きが億劫に感じてしまい、つい言い値価格で応じてしまうのです。この、タウンページで得た集客経験とお金の話が苦手という課題に直面したことがきっかけとなり、後述となりますが、WEBサイトへの集客へシフトした事により爆発的な売上を生み出し、面倒な価格交渉からも解放されたのです。

そんな紆余曲折がありながら、インターネットの普及が加速し、中小企業でもぼちぼちWE

Bサイトを持つような時代に移り変わってきました。

２０１０年頃の話です。当時は、私が行っているリフォーム業の世界では「インターネット経由でお客様が来るわけがない」という常識がありました。しかし、私はタウンページでの集客に成功した経験から、そのノウハウをＷＥＢサイトに活かせる確信があり、業界の常識に逆らいチャレンジをする事に決めたのです。

当時の同業者たちは、「大手企業でもないのに、ＷＥＢサイトを作って予算の無駄遣いだ」と、私たちをバカにして傍観していました。しかし、私には確信があったので、そのような声には耳を傾けず、いよいよＷＥＢサイトの公開となりました。そして、ＷＥＢサイト公開の10分後に、最初の見込み客から問い合わせの電話が鳴りました。タウンページ集客で得たノウハウをＷＥＢサイトに反映させ、ＷＥＢサイト集客を起点として事業が拡大していき、今ではフランチャイズ本部の運営を行うまで成長したのです。

それまでは、水道のメンテナンスという小さい事業で、年商は約２０００万円ほどでした。水漏れ修理が中心でしたが、ガス給湯器の機械部分が壊れていて水が漏れている場合などは、水道屋さんが修理してはいけないといった法的な決まりがありました。

せっかく修理に伺ってもお客様のお困りごとが解決されない、そんな事態を改善するために、ガス給湯器の取り扱いも事業に入れようとしているタイミングで、インターネットを活用した営業をしてみようとなりました。この時は、タウンページ集客の経験から集客できるノウハウに対する確信はあったものの、本当にＷＥＢ「だけ」で集客できるのかどうかは正直半信半疑でした。

ところが、あっという間にお客様が殺到し、さらにはその後、そのお客様たちは、ご本人たちは意図せずに私達の集客の立役者となっていきました。これが「クチコミ」の力です。最初のＷＥＢサイトはプロにお任せしてトップページだけを作りました。そしてランディングページという、自分たちで情報を入力できるページに関しては試行錯誤しながら自分たちで作っていきました。

## ＷＥＢ受注で年商が倍々に
### 自社の課題とお客様の不安も解決してくれたＷＥＢサイト

「給湯器1台工事費コミコミ15万5千円」といった当時としては破格の価格提示をＷＥＢ上で行いました。

わかりやすさがお客様に届いて、初動の受注で２００万円ほどになりました。それからは目を見張る受注を繰り返していき、３ヶ月後には月ベースで８００万円にまでなっていました。

しかも、社内の課題であった「見積もり」に関しても、サイト上に分かりやすいコミコミ価格を掲載することにより、値段交渉される事も一切なくなり、煩わしい「見積もり」という作業からも解放されました。

人は選択肢が多いと選べなくなる心理作用があります。コミコミにして明瞭な料金体系にした事で、お客様に「これ以上余分な請求はありません」という無言のメッセージとともに、安心感を与え意思決定しやすい環境を作れたと思います。

そして、WEBサイトからの集客は順調に伸び、1年後には1億円を超え、その後1億5千万円、2年で3億円にまで成長しました。1日でいうと十数件の問い合わせがあり、現場工事が間に合わない状態でした。

これには、ある戦略がマッチした事も大きいです。多くの方は「WEBサイトを作れば集客ができる!」と思われがちですが、実はWEBサイトを作っただけでは集客ツールとしての機能は果たしません。つまり、最初に公開して終わり、ではなく、育てるものだと私は考えています。私は公開後何度も試行錯誤を行い、内容のアップデートをしていきました。その中の一つとして「スタッフの顔写真を載せる」ということを行いました。

工事者のメンバーを紹介して、「私が行きますよ」と表現するだけで初めてご依頼頂く方にとっては安心感が増し問い合わせのハードルが低くなるのです。野菜や果物、お肉なども生産者の顔が見える商品があります。顔の出ていないものと出ているものが一緒に並んでいたら顔

**図1-1** コミコミ価格と人の顔を入れることで安心感・信頼感・価格の明瞭性を訴求

の出ているものを買う方がお客様にとって安心材料になります。この発想を、10年前に私は工事の分野で行っていました。

今でこそ当たり前のように顔写真入りのＷＥＢサイトを見かける機会が多くなりましたが、当時は人の顔が出て来るＷＥＢサイトは少なかったために斬新でした。

想像してみてください、もしもあなたがインターネットを通じて買い物をするとして、初めての取引先だった場合、「安心感」「信頼感」「価格の明瞭性」があった方が良いと思いませんか？　それが、高単価商品になればなるほど、成約に直結すると思ったのです。

## YouTubeを組み合わせることでのシナジー効果

### 伝わりやすくするには動画が必要

ＷＥＢサービスは日々進化しています。中でも動画サイトYouTubeの効果は計り知れません。最初は面白くて便利な動画サイトとして音楽やニュースソースを見るために活用されていたYouTubeですが、そもそもの最初のブレイクは、２００４年のジャネット・ジャクソンのスーパーボウルでのハプニング映像とスマトラ沖地震の映像ニュースがきっかけになったといわれています。YouTube開発者の一人ジョード・カリムはそれらのニュースを見るために大変な苦労をしてインターネット上の動画を探しました。その経験からサッと検索できる動画サイトを思いついたわけです。

今ではYouTubeは、見る側が見たいものや欲しい情報を素早く検索して、わかりやすい動画で見せてくれるツールとなっています。

想像してみてください、WEBサイトの長々とした説明文を隅々まで読んだことはありますでしょうか？　よほど興味がない限り、斜め読みをするか、タイトルだけを読む、という方が多いと思います。

そこで、私の会社のWEBサイトでは、必要な情報は短い動画にして、WEBサイトに貼り付けることでわかりやすくしていきました。

たとえば「水道の水漏れ」であれば、どういった工事ができるのか、どのような人が来て、どれくらいの時間と予算で直してくれるのかを動画で説明しました。

実際にやってみて感じたことは、人が動画に出ることで、「こちら側の思いは想像以上に伝わる」ということでした。

大企業は社名で信用を得ますが、私たちのような小さな会社の場合は社長やスタッフの人となりを信用してもらうしかありません。「人の良さ」は文章や画像だけのWEBサイトだけではなかなか伝わりませんが、動画なら、声や細やかな表情、雰囲気まで伝えられます。ですから、通常のWEBサイトでの集客から一歩抜け出るためには動画は必要不可欠の物となりました。

## 友人知人に頼んではいけない

私は、2011年の段階で約1000本の動画をアップしていましたが、動画再生回数が爆発的に増えたのは2017年あたりからでした。これは一般の人が、普通に動画サイトを見る習慣が定着してきたからだと思います。

YouTubeで情報発信をしている、と言うと「YouTuberを目指しているの?」「広告収入はどれくらい?」と言ったお声を頂くことが多々あります。弊社においても、広告収入はゼロではありませんが、それが目的ではありません。

YouTubeを入口とした「集客」を目的としています。YouTubeの月間利用者数は2020年9月で6500万人を超えたと言われています。また、今後も5Gの普及やインターネットインフラの進化に伴いビジネスにおける「動画」の役割は、とても重要なものになってくると思います。

YouTubeの検索機能は独自のアルゴリズムで、WEBサイトの検索とは別の導線をたどった

## 図1-2 アルゴリズムの改訂により、Web検索と同時に関連動画も表示される様になった

※表示のされ方は個人の設定により変わります。

見込み客を呼び寄せてくれます。実は、私のYouTubeセミナーでは次のような事もお伝えしています。

・友人知人に「うちのチャンネル登録してください」とは言わない
・友人知人に「動画にいいね！　お願いします」とは言わない

これは、小さな会社が集客のためにYouTubeを利用するのであれば、友人知人が「つきあい」でチャンネル登録やいいねをすることで、YouTubeのアルゴリズムに起こりうるデメリットを知っているからです。詳しくは98ページからの「YouTube初心者がハマりやすい落とし穴」をご参照ください。

このことからも、広告収入を狙うYouTubeと実業での集客を目的としたYouTubeでは戦略が異なることがお分かりいただけると思います。

小さな会社がオンラインで集客を狙うのであれば、WEBサイト＋YouTubeの化学反応を起こす戦略が必須だと私は考えています。また、次の章で触れるSNSやLINEとの組み合わせも、とても重要になると感じています。

## SNSにおけるLINEの特異性を活かした使い方

### LINEがビジネスを加速させる

現在日本でのスマートフォン普及率は目覚ましくなっています。総務省発表の情報通信白書によると、2019年パソコン保有率69．1％に比べ、スマートフォン普及率が83．4％と発表されました。そして、多くのスマートフォンユーザーが利用しているサービスがLINEです。費用がかからずに使い勝手が良く簡単に画像やメッセージが送れる便利なツールです。現在、国内でのLINE利用者人数は8600万人となり、日本の人口の68％が利用している事になります。

私の場合は、このLINEを使うことで、水道工事の現場において自身の予想を超えた活用ができました。まず何が便利かと言えば、簡単な工事であれば、現場がどうなっているのかを、事前にお客様から気軽に写真で送ってもらえることです。現場に行かずともすぐに何が必要で、どのような工事を行えばいいのか、が分かることから工数が省けました。また、LINEを利用する前は、PCのパソコン通信を使ったり、ショートメールで写真を送ったりといったことも試してみましたが、お客様のスキルによっては操作の説明が必要だったりと、かえって手間がかかり、誰もが簡単にできるものではありませんでした。

さらに、ＬＩＮＥを利用することで受発注や細かい連絡も迅速に行えるようになりました。

そもそも受発注システムは、受注の管理や請求書の発行、販売管理や在庫管理など煩雑になりがちな業務を効率化するシステムであることが前提のはずが、ＰＣや専用ソフトウェアを利用する仕組みであると操作に慣れるのに時間がかかったり、動作トラブルが起きたときにはサポートを呼んで直してもらったりと、かえって手間が多くなりがちです。

そこでＬＩＮＥを使うことで、お客様と連絡がすぐに取れることから、見積もりも簡単に出せて、受注もすぐにできるようになりました。

## メールとは違う！ LINE利用のメリットは？

ここでお伝えするＬＩＮＥとは「ＬＩＮＥ公式」というアカウントサービスのことです。個人のＬＩＮＥアカウントとは違い、ビジネスに特化した企業単位のアカウントサービスのことです。

ＬＩＮＥ公式を使った受注・発注システムを構築すると、小さな会社にとってのメリットは無限大に広がります。では、ここで実際にＬＩＮＥ公式とＷＥＢ受発注を連携した時のメリットを考えてみましょう。

## ●お客様の入力作業が楽

まず、第一に「ＬＩＮＥさえあれば自社用の専用アプリを入れる必要がない」ことです。

たとえば、ＬＩＮＥと外部のオンライン受注システムを連携させる場合、ＬＩＮＥから外部サイトに誘導させ、さらに連絡先メールアドレスの入力を求めるようなシステムを見かけます。さらにはログインアカウントを作成しなくては発注や見積もりなどが依頼できないといったような事例もあります。これでは、見込み客にとっては手間がかかり、結果、離脱率の増加を招きます。しかし、ＬＩＮＥ内で完結する仕組みを構築すれば、お客様の手間を最小限に留めることが可能になり、結果離脱率の低下に繋がります。

あなたの会社でも、こんなことがありませんでしょうか？　たとえば、セミナーや説明会を開催する際、見込み客にフォーム入力を促す機会があったとします。会社側としては、見込み客リストを充実させたいばかりに「名前」「性別」「郵便番号」「都道府県」「市区町村」「番地」「建物名」「メールアドレス」「電話番号」「会社名」「所属部署」など、多くの入力項目を作っていませんか？　フォームの離脱率は平均70％とも言われています。離脱率を下げたいのでしたら「見込み客の手間をどれだけ減らすか」が最重要になってきます。

前述のように、仮にフォームの入力項目が5つ以上になっている場合は、今すぐ見直してください。可能でしたら3つまで減らしてください。

このように、「見込み客の手間をどれだけ減らすか」という点で、ＬＩＮＥはとても最適なツールです。すでに繋がっているので別途メールアドレスや名前の入力すら求める必要がありません。

すでにＥＣサイトやショッピングサイトなどの受発注のシステムを提供しているサイトに連携するのであればなおさら簡単です。基本的には、ＬＩＮＥ公式アプリで受発注システムを提供しているサイトを紐づけるだけでＯＫです。

## ●自社側の受発注手続きが楽

次に、ＬＩＮＥ公式で受発注ができるようになると、場所や時間を選ぶことなく片手でスマートフォンを操作して受発注の作業ができる点が挙げられます。

たとえば、仕事で外出中であってもパソコンを持ち歩いたりWi-Fiスポットを探して彷徨うことなく、簡単にスマートフォンで連絡事項などを確認できるところもメリットです。

最大の特徴であるメリットとしては、個人のＬＩＮＥアカウントと違い、ＬＩＮＥ公式アカウントは複数人で管理ができる事です。顧客ごとや業務ごとに対応する人間が違ったとしても、顧客からはそれは分かりません。企業体として返信が来ているという安心感、そして電話やメールでの問い合わせより、ＬＩＮＥでの問い合わせの方が気軽であることは、顧客にとっ

**図1-3** オンライン受注案内の例

LINE@で簡単お見積り
住宅設備
リフォーム
\カンタン/
LINEで相談
個人情報不要！
お客様情報は必要最低限でOK！
電話番号や詳しい住所は必要ありません。
手軽に写真送付！
スマートフォンで撮影したらそのまま写真を
メッセージで送信できます。
即日連絡！
お問合せメッセージは当日中に返信いたします。
LINE
?
住宅設備のリフォームを考えはじめると、心配なことがたくさんありますよね。
一度見積もりを頼んだら押し売りやしつこい営業をされそう…
忙しくて見積の現地調査に立ち合う時間がとれない…
まだ検討中なんだけど、気軽に相談できたらいいのに…
LINE相談で、たったの3ステップでお悩み解決します！
1 アンシンサービス24を友だち追加
スマートフォン
の方はこちら
LINE 友だち追加
PCの方はこちら
LINEアプリを起動して
友だち追加→QRコード
から読み込む
「友だちリストに追加」ボタンを押して
友だちに登録完了！
OK!

てのメリットにもなります。

さらにLINE公式で一度やり取りしたお客様は、その後もLINEでつながっているため、顧客として、あるいは見込み客としてリストが引き継がれていくといったメリットもあります。

ビジネスシーンにおけるLINEは、ビジネスメールよりも手軽にお客様とのコミュニケーションがとれるものです。通常のビジネスメールでは本題以外に長々とした挨拶やビジネスルール等の文章が必要ですが、LINEはチャット形式なので本題中心のやりとりができて手軽です。さらに、相手の名前と未読数も表示されるために、見込み客の未読漏れを把握でき、機会損失を減らせる便利なツールといえます。

## LINEでの集客の可能性は大きい

LINEに代表されるSNSのプラットフォームの主なものを次に挙げてみました。

日本において、実際に集客に役立つのはこの中でも、Facebook、Twitter、LINE、Instagram、YouTube、そしてTikTokがあります。実際に私も、それぞれのSNSにリンクさせて集客を行っていますが、やはり利用客の多いのは今のところLINEでしょう。ただし時代が変われば、また新しい媒体が出て来ることは間違いありません。

**図1-4　SNSの利用状況**

世界ランキング

| | |
|---|---|
| 1. Facebook | ：29億人 |
| 2. YouTube | ：25億人 |
| 3. WhatsApp | ：20億人 |
| 4. Instagram | ：20億人 |
| 5. TikTok | ：10.5億人 |
| 6. Twitter | ：5.5億人 |
| 7. LINE | ：1.9億人 |

2023年2月時点

日本の利用率ランキング

| | |
|---|---|
| 1. LINE | ：92.5% |
| 2. YouTube | ：87.9% |
| 3. Instagram | ：48.5% |
| 4. Twitter | ：46.2% |
| 5. Facebook | ：32.6% |
| 6. TikTok | ：25.1% |
| 7. ニコニコ動画 | ：15.3% |

2021年総務省発表

ＬＩＮＥは日本市場において他のＳＮＳと比べると、ダントツの利用者数を誇っているだけにその利用方法の便利さから集客には欠かせないものとなっています。

# ECモールが見せる未来

## ECモールとは？

EC（electronic commerce）ビジネスとは電子取引と訳され、インターネット上でモノやサービスを売買するビジネスの総評です。そして、このECビジネスにおいてECモールは欠かせないものです。

ECモールというのは、インターネット上にあるショッピングモール、つまりインターネット上のイオンやららぽーとだと思ってください。そこには商品だけでなく各種のサービスやあらゆる注文に対応したオンラインショップの集合体があります。各店舗はオンライン上でのショップを形成してお客様に対応しています。

さて、このオンライン上のショップですが、ECビジネスにおいては「モール型ECサイトに出店する」のか、「自社のECサイトを構築する」のかで参入の仕方が大きく変わります。実際には、自社の集客力や商品単価や商品構成によって相性の良いスタイルというものがあります。ですので、一概にこのスタイルが最適！　とは言えないのですが、まずは私たちのような小さな会社が低予算で参加しやすいと言う意味で、モール型ECサイト（以下ECモール）

## 図1-5 代表的なECモール

**1位：楽天　5兆118億円**
**URL：https://www.rakuten.co.jp/**

日本発祥のWEBモールの先駆けです。
楽天は、カード・銀行・証券・トラベル・ブック・モバイルなどのサービスを展開しており、組み合わせて利用する事によりポイントの高還元を受けられます。こうすることで、楽天ユーザーとして総合的に囲い込み「楽天商圏」という言葉まで出来上がるほどの巨大モールへと急成長を遂げました。

**2位：Amazonジャパン　2兆5,378億円（推定）**
**URL：https://www.amazon.co.jp/**

世界中にシェアを持つマーケットプレイス型（一品づつの商品陳列型）のWEBモールです。書籍専門のサービスから今のスタイルへの進化し続けたモールです。Amazonのファンを囲い込むサービスの一つにPrimeサービスがあります、このサービスに入会するとお急ぎ便が無料・動画配信の試聴などの会員特典が受けられます。

**3位：Yahoo!ショッピング　1兆2,456億円**
**URL：https://shopping.yahoo.co.jp/**

日本においては3強と言われるYahooですが、流通規模は上位二社と比較し桁違いとなっている。特徴としてはYahoo!プレミアム会員登録を行った個人に対しても販売権を与えているところです。また、ヤフーは2020年にPayPayモールをオープンさせ、Yahoo!ショッピングとモールの役割の差別化を行っています。

**4位：ZOZOTOWN　3,955億円**
**URL：https://zozo.jp/**

ファッションに特化したWEBモールです。ファッション単独で比較した場合は上位三社に引けを取らないとも言えるかもしれません。
運営元のZOZOはYahoo!ジャパンに買収され、外部モールでもあるPayPayモールにZOZOTOWNとして出店を果たしました。

**5位：au PAYマーケット（旧：Wouma!）2,317億円（推定）**
**URL：https://wowma.jp/**

KDDIとauコマース&ライフが運営している、総合ショピングサイトです。au PAY以外、例えばドコモ払い、ソフトバンク払い、後払いシステムなど、他社にはない多彩な決済手段が選べる事が特徴といえます。

に参加することをおすすめします。

ECモールには、「楽天市場」「Amazon」などさまざまなものがあります。それぞれの専門分野に特化したモールもあれば、百貨店のようにあらゆるものを取り扱うモールもあります。

これらのモールに出店するのは簡単ですが、その分の手数料もかかります。この手数料が予想以上にかかる点がデメリットですが、それを上回る注文や広告効果があることも事実です。実際、ECモールを利用することで知名度も上がりますし、受注も増えることが実感としてわかりました。ただし注意する点は、このモールだけに頼っていてはいけないということです。余分な手数料は、ひいてはお客様への値上げにもなりかねません。そのためモール利用の集客と通常の営業集客は半分半分くらいの方がいいと考えています。

## どのようなECモールがあるのか

ECモールに出店することの検討材料として、モールの規模やそれぞれのモールのメリット、デメリットを考えなくてはなりません。ここで主なECモールの流通総額ランキングを見てみましょう。

大手5社の決算の数値を見て暫定的にランキングしてみました。トップはご存知、楽天ですが、楽天市場だけでなく楽天トラベルなど付随した事業の数値も入れ込んでいるために正確なトップとはいえないかもしれません。その点でいえばAmazonの方が純粋にショップ販売としてトップであると言えるのかもしれません。

日本におけるＥＣモールの３強は、「楽天市場」「Amazon」「Yahoo!ショッピング」であり、会員数や店舗数でも群を抜く勢いです。その次に追いかけているのが、ファッションに特化した「ＺＯＺＯＴＯＷＮ」と、ＫＤＤＩが運営することでauユーザーの取り込みに成功している「au PAYマーケット（旧：Wouma!）」です。

## ＥＣモールにも種類がある

ＥＣモールには大きく２つの種類があります。１つは「マーケットプレイス型」、もう１つは「マルチテナント型」です。

マーケットプレイス型とは、出店というよりは出品といった形になります。販売したい商品やサービスをモールに商品のデータのみを掲載するタイプです。代表的なものは「Amazon」になります。商品のデータ管理はAmazonが行っており、ユーザーが商品を購入すると購入情報がメールにてショップ宛に送られてきます。そのデータに合わせてショップ側が発送作業をするか、在庫管理から発送業務自体をAmazonに委託するかで商売を行うものです。モールサイドが商品データや受発注状況を管理してくれるので、参加企業としてはＥＣサイトの運営と

**図1-6　ECモールの2つの「型」**

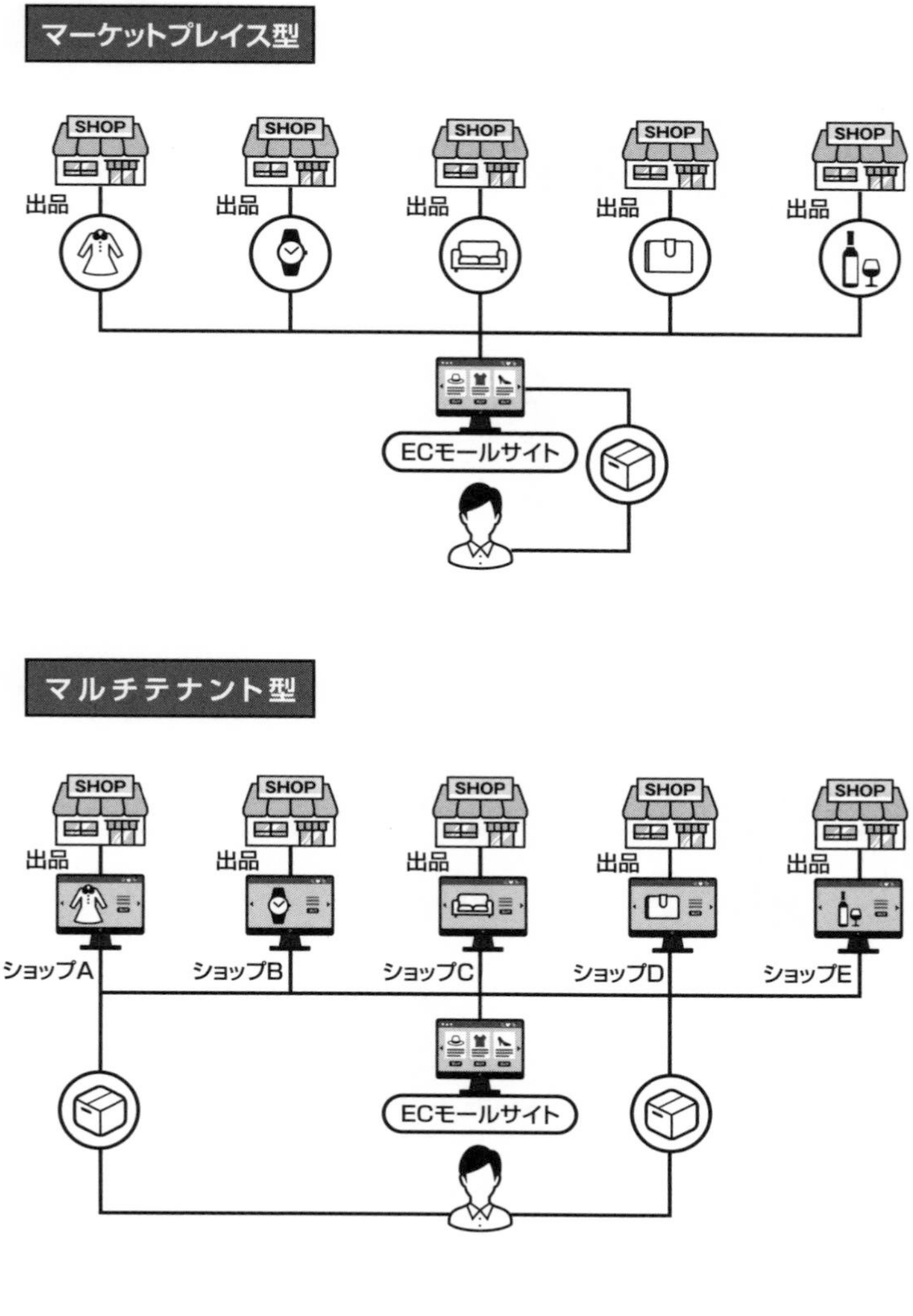

いった負担がなく初期費用も抑えられます。

デメリットをいえば、出品者（社）の存在感が薄れ、店舗ごとの特徴は出せないところにあります。そのために商品自体に人気がなければあまり売れないということになります。つまり、価格競争に突入しやすいともいえるかもしれません。

もう1つのマルチテナント型は、実際に街にあるショッピングモールがそのままWEB版になったものと考えればわかりやすいと思います。ここには、無数のECサイトが立ち並ぶものです。「楽天市場」や「Yahoo!ショッピング」などがそれです。このテナント型では、WEBサイトのデザインを自らが作れるために店舗ごとの特徴も出せますし、ある程度の自社ブランディングも可能です。しっかりしたマーケティングができていればリピート率が上がることも期待できます。ただし、商品発送等の管理を自社で行うため在庫管理・梱包発送などの負担はついてまわります。

## ECモールへの出店メリットとは

ECモールへの出店の一番のメリットは、「圧倒的な集客力がある」ことです。主要なモールでは数千万人単位のユーザーを持っています。もし自社でオリジナルのECサイトを作ったとしても、それだけのユーザーを獲得するのは至難の技です。すでにユーザー登録があるモールに出店することでユーザー獲得を補える事がメリットといえます。ただし、このような大手モールは、集客力がある分、出展者も多いのは事実です。つまりライバルも多いという状況ですので、その中でしっかり他社との差別化をして選ばれるお店としての戦略を構築していくことが成功のカギとなります。

## 狙った層の集客を可能にするWEB広告の魅力

### WEB広告って何

インターネット上には、多くの広告が散りばめられています。それらを総称してWEB広告といい、新聞やテレビの広告とは異なった性質を持ちます。WEB広告は、ユーザーの性別や年齢、行動歴、地域などを限定して広告を見せることができるため「ターゲティング性」と「リピート性」が高いのが特徴です。そのWEB広告として代表的な物から8種類ご紹介します。それぞれの特徴やメリット・デメリットは後述しますので参考にしてください。

新聞やテレビの広告は狙ったターゲットに対して働きかけるのではなく、より多くの人に働きかけるため、マス（＝大衆）コミュニケーションを行うメディア（＝媒体）としてマスメディア・マス広告と呼ばれています。

対して、WEB広告では、届けたいユーザーをピンポイントで狙い、配信することが可能になります。つまり、より自社の商品やサービスに関心を持ちやすい「年齢」「性別」「地域」などを設定することで、関心度合いの高い客層に対して働きかけることが可能になります。これを、ターゲティングと言います。

ターゲティングを行うメリットはマス広告に比べ費用を抑えられることです。

私たちのような小さな会社こそ、ターゲティングが必要と考えていますが、「自社の製品のターゲットは誰ですか?」という質問を投げかけると「誰にでも喜ばれる商品です」「多くの方に知ってほしい」という返答を多々頂くことがあります。

たとえば、飲食店でランチ提供を前提とした場合、ターゲティングを行うことで以下のニーズが見えてきます。

・学生＝安くて量が多く、味は濃い傾向
・若い女性＝店内がおしゃれで料理の見栄えが良い、長居しやすい雰囲気
・サラリーマン＝提供が早く、回転が早く、値打ち感がある
・ビジネス商談目的＝個室があり、高級感がある、量よりは味が優先

**図1-7　ターゲットにおける関心の度合いによって利用する広告を考えます**

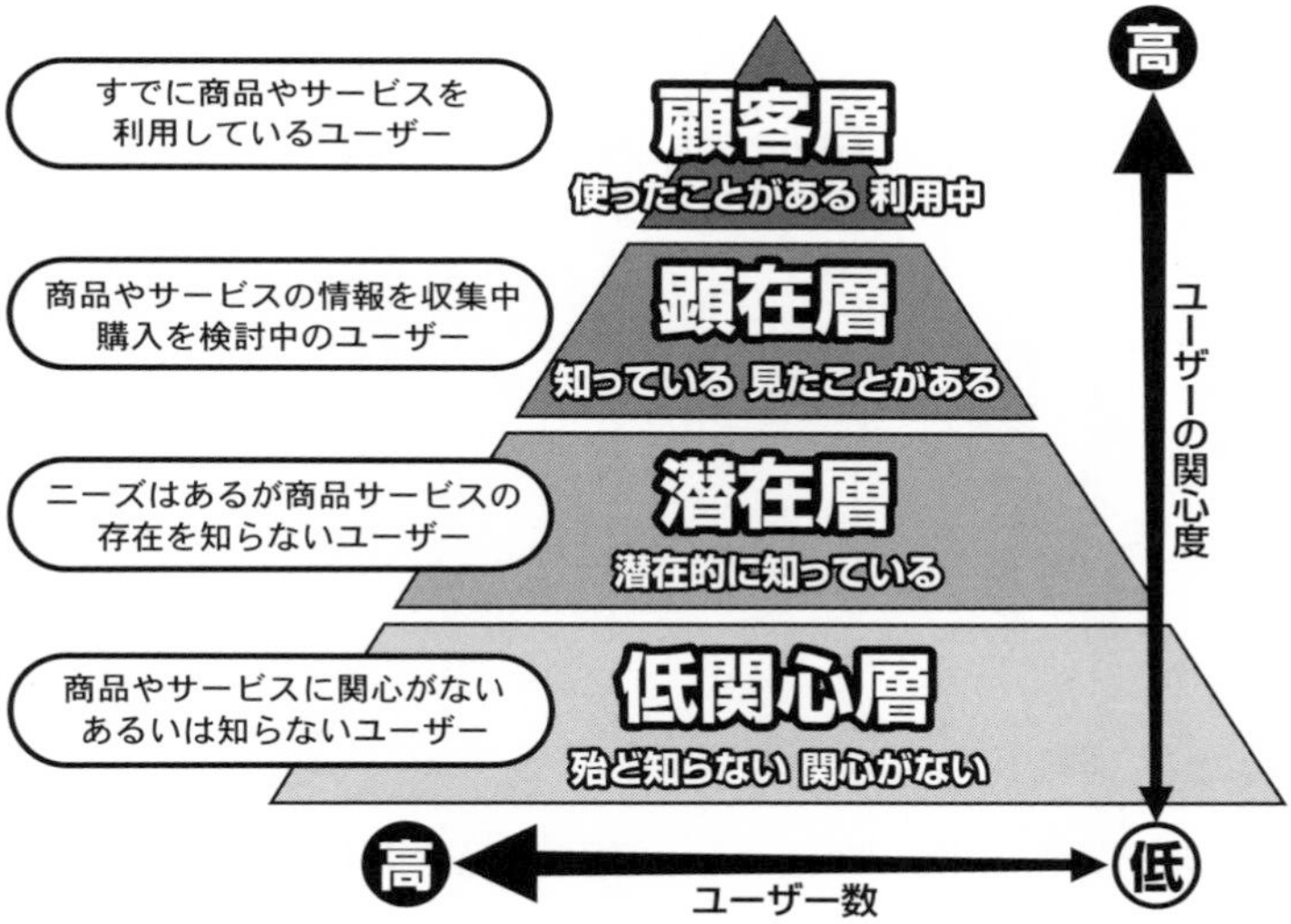


これを「誰にでも喜ばれる商品」とするならば**【量が多くて見栄えも良い、味にも妥協はしないが安く抑えて高級感も出す、提供が早く回転も早いが長居もしやすい雰囲気、個室もあり高級感とおしゃれを兼ね備えた内装】**という事になります。これを実現しようとすると、開発にかかる時間・人員・店舗面積やコストなど潤沢なリソースがないと実現が難しい事がお分かりいただけるのではないでしょうか？

マス広告とWEB広告も同じ事が言えると考えています。マス広告（＝誰にでも）は潤沢な予算があれば実現可能だと思います。しかし、私たちのような小さな会社の限られたリソースでは広告に何千万円と投資することはギャブルに近い行為かもしれません。そういった意味で、小さな会社にはターゲティングを行い効率良く見込み客に働きかけることで、広告費用を抑えられるWEB広告はうってつけの戦略だと言えるのではないでしょうか。

また、WEB広告においては、提供する商品やサービスとターゲットの意識階層を分類して、使う広告媒体を決定します。ですので、「いったいどの広告をどうやって使えば効果があるのか」といった疑問に本書内で即答することはなかなか難しいところです。

ここでは、それぞれのWEB広告がどのような特徴と効果を持っているのかを分析していきたいと思います。

### ●リスティング広告（ユーザーによる検索連動型の広告）

たとえば、WEBで「オレンジジュース」を検索しただけなのに次の瞬間から、やたらとオレンジジュースの広告が目につくようになります。これは、検索エンジンに入力したキーワードに関わる広告をAIがユーザーの嗜好を判断して、自動的にブラウザ上の広告スペースに表示していくスタイルです。広告主はあなたが1クリックするごとに広告料を払うシステムとなっています。これがリスティング広告、いわゆる検索連動型広告というものです。日本では、

「Google Ads」や「Yahoo!プロモーション」などがそれです。

広告主が広告を出すときに登録したキーワードに対して、ユーザーが検索することでそれに連動して関連広告が表示されます。ユーザーがその検索結果に出た広告をクリックすることで、広告主に広告掲載費が請求される「クリック課金」と呼ばれるものが一般的です。

ユーザーが検索した検索結果の上位に表示されますが「スポンサー」といった文字が最初に表示されているために、ユーザーからはクリックを控えられる傾向はあります。ですが、ねらったターゲットに届いているために、ある意味では即効性のある広告といえます。

【リスティング広告のメリット・デメリットは】

リスティング広告のメリットは、ユーザーが検索したキーワードに対してそれに近い広告が表示されるために、ターゲットに近いユーザーにアプローチできる点です。お金はかかりますが、検索時に上位検索として表示されるまでに時間がかからないところが集客の即効性に繋がります。

逆にリスティング広告のデメリットといえば、コストに対して費用対効果があるかどうかが業種業態によって大きな差が出る事です。また、キーワードに対しての料金の格差が大きいことも気をつけなくてはならない点です。私が出稿した時は、3万円の商品を売るのに1クリックするだけで5千円かかったこともありました。これでは費用対効果としてはマイナスとなります。

## ●純広告

WEBにおける純広告とは、検索サイトなどで、サイト内に決められたスペースを一定期間買い取って文字や画像で広告を表示するものです。

純広告は、自社の商品やサービスを広く知ってもらうために出す広告です。今まで知らなかったユーザーに対して潜在的にアピールしていく効果があります。広告出稿に当たっては、地域やターゲットの年代や性別などをセグメント（分類）して出すこともできますし、時間帯を決めて出すこともできます。広告掲載に関しては、クリック数の上限を事前に決めてそのクリック数になるまで広告を表示してもらえる「クリック保証型」と、ページの表示回数を保証する「imp・PV保証型」、期間を決めて表示する「期間保証型」があります。

【純広告のメリット・デメリットは】

純広告のメリットは、スペースを一定の期間で買い取っているために安定した広告表示ができることです。これまでターゲットではなかった新しい層に対してもアピールすることができます。逆にデメリットとしては、最終的な効果や評価に関わらず、予算がかかってしまう点が挙げられます。しかも純広告は広告費が高く設定されている点にも注意が必要です。

## ●ディスプレイ広告

WEBサイトやアプリの広告枠に表示される画像、動画、テキストを用いた広告のことです。年齢や性別、また過去の閲覧履歴を元に閲覧しているユーザーの興味関心にマッチする様に配置されます。商品やサービスの購入意欲はあるがそれに気づいていないユーザー潜在層にアプローチができ、より幅広い層へサービスを認知させることが可能です。

たとえば、沖縄に関心があり旅行の計画のために検索をした履歴を持つユーザーに対して、旅行ツアーや格安チケットの広告が表示されるといった仕組みです。

【ディスプレイ広告のメリット・デメリット】

動画や画像などでの表現が可能なため、目に留まりやすく、ターゲットの好む写真・色・フォントなど多彩なアプローチで訴求ができます。また、検索などを通じてWEBサイトや商品ページに訪問をしたことがあるユーザーに対して広告を配信する事ができるため、購入に対しての関心を高める事ができます。

デメリットとしては、短期間で購入意欲を高める事は難しいことです。商品やサービスの認知が浅い層に対して長期目線で認知を高める事に向いています。

### ●アフィリエイト広告

アフェリエイト広告は成果報酬型の広告です。WEBサイト上の広告を見てユーザーがクリックした後に資料請求や登録、購入など、広告主が設定した成果を達成した際に、WEBサイト運営者に報酬が支払われる広告です。

この広告はASP（アフィリエイト・サービス・プロバイダ）が、WEBサイト運営者（アフィリエイター）と広告主を仲介する事で成り立っています。

【アフェリエイトのメリット・デメリットは】

メリットは、実際に動きが発生しない限り広告出稿費用がかからないことです。WEB広告の中でもコストパフォーマンスの良い広告といえます。デメリットとしては、別途月額固定費がかかりますので確認が必要です。

## ●ネイティブ広告

ネイティブ広告はサイトのコンテンツスペース内に通常の記事のように表示されます。一見すると広告とは分からない様に配置されるため、ユーザーに広告特有の煩わしさを感じさせる事なく訴求する事ができます。

たとえば、ニュースサイトなどで、一見記事のように紛れ込んで広告が配置されているようなパターンなども、これに該当します。

**【ネイティブ広告のメリット・デメリットは】**

ターゲットの必要な記事広告を表示するために、クリック率が高いのがこの広告です。デメリットとしては、この広告を扱っているサイト数が少ないことと、広告単価が比較的高いことにあります。

## ●SNS広告

Facebook、LINE、Twitter、InstagramなどのSNSプラットフォームを利用して配信されている広告のことです。SNSに蓄積されているデータ（ユーザー自身がSNSに登録した基本情報など）に基づいて広告配信を行います。最近では、テキストのみではなく、動画や複数の画像が切り替わる表現方法で、よりインパクトのある訴求を行うものも増えてきています。

【SNS広告のメリット・デメリットは】

ユーザー自身が登録した属性に沿って広告を打ち出せるため、ターゲティングの精度が高くなります。この特性を活かす事により、費用がほとんどかからないか、安価であることがメリットです。デメリットは、ユーザーに拡散してもらえる可能性もありますが、拡散を狙い行き過ぎた表現を行うと炎上する可能性もあります。

●動画による広告

動画広告は「YouTube」などの動画配信サービスや、「Twitter」、「Instagram」といったSNS、さらに「Yahoo! Japan」などのポータルサイトに、動画スタイルの広告として配信されるものです。特にYouTubeの場合は、動画の途中で広告を挿入できたり、ページ横に表示させたり、ホーム画面の丈夫に表示させたりと、広告掲載スタイルが複数用意されており、それに伴い広告料金が変わります。

## 動画による広告のメリット・デメリットは

特にYouTubeの動画に挿入する広告は、視聴者にクリックを要求せずに、動画再生を見せることができる部分が大きなメリットとなります。デメリットは、ユーザーが見たいと思っている動画の途中で広告が流れるためにネガティブなイメージを与えかねないところです。また、最後まで広告を見てもらえるかに関しても未知数です。そのために、動画広告の冒頭部分でインパクトのある表現の展開が必要です。

### ●メール広告

メインターネット時代の初期からある広告手法です。電子メールを利用して登録されている特定のグループへメール配信を行うダイレクトマーケティングとなります。ターゲティングがされたグループへメール配信を行うため、訴求効果が高い媒体といえます。また、直接メールマガジンを送る手段も、広域ではメール広告と言えます。

## メール広告のメリット・デメリットは

メリットは、スマートフォンなどでも簡単に見ることができるために、いつでもどこでも見られることです。さらにメールが残っている限り広告も消えないところも利点です。デメリットは、メールが届いていても開かれない場合があることです。

以上のようにＷＥＢ広告と一口にいっても、いくつかの方法があることがわかります。広告の形式は多種多様ですが、どの広告方法が良いか、悪いかといったことはなく、自分が何を宣伝したいのかを考えてそれに合った方法を選んでいくことが大切です。まずは掲載してみて反響がどのあたりにあるのかなどを分析することが大切でしょう。

## Instagram・Facebookでの集客の魅力はフォロワー数じゃない

### Instagram・Facebookはデジタルアナログだ

InstagramとFacebookによる集客には誤解されがちなロジックがあります。

〝フォロワー数は多ければ多いほどマーケティング効果が高い〟

こう思っていませんか？　数の原理は一定数の効果を発揮しますが、マーケティング的には数以上に大事なことが「ファン」を獲得することです。自分の友人知人でもなければ、自社のターゲットでもない、ましてや商品やサービスにまったく興味がない属性の人を集めても、顧客になるどころか口コミや拡散もしてくれません。「自分のファンになってくれそうな人、自社の商品のファンになってくれそうな人に適切で役に立つ情報を発信すること。」これは、媒体が変わってもマーケティングの基本だと思っています。

3万人のフォロワーがいて10人集客と、500人のフォロワーで20人の集客。そんな事が普通に起こりうるのがSNSマーケティングです。

特に、Instagram・Facebook・Twitterは「個」の色が出やすいツールです。関係性もないうちに、いきなりDMやセールスをしていませんか? SNSでの集客とは、あなた自身あるいは商品・サービスの共感者=ファンを集めることです。

そんな考え方から、私は、これらの媒体を「デジタルアナログツール」であり人との繋がりが可視化できるツールと考えています。誰が読んでいるのかイメージがつきにくく、一方通行になりがちなメルマガやブログ・コラムなどのツールと比較すると、人と人の距離、そして「どんな人が発信して」「どんな人が共感して」「誰と誰が繋がっているのか」そんなことが分かる、デジタルでありながらリアルな人間模様が感じられるアナログ的な側面を持ち合わせるツールだと思っています。

発信者の属性やカラーが臨場感を持って感じられるツールだからこそ、そこで発信される情報の安心感や信頼度は、他の媒体と比べると計り知れません。中でも、Facebookでは、多くの経営者が活用していることが多いために、リアルなビジネスのやりとりが発生しやすい部分も魅力といえます。

## インスタグラムでの集客とは

写真を共有するＳＮＳとして、２０１０年に始まったのが、Instagramです。２０１９年３月では約３３００万人以上のアクティブユーザーがいます〔Meta社（旧Facebook社）発表〕。利用者の多くは、20代から30代の若者です。男女比に関しては、女性ユーザーが多いと思われがちなInstagramですが、以外にも男42．３％・女54．８％（令和3年総務省調べ）と女性が僅かに多い、という程度です。写真や動画という、一目でわかるもので情報を伝えることができる直接的なコミュニケーションが魅力です。

Instagramは、写真がメインという特性から個々のアカウントで「世界観」を表現する事で、共感者を集めレスポンスが起こるものでもあります。たとえば、お店の美しいロケーションや、美味しそうなメニューなどの写真は見た人の資格を刺激して、その場所に行きたい、そこでこれを食べたい、と連想させます。それが商品であっても、面白く写真を撮ることで、実際に買ってみたいと思わせます。

逆に、集客ツールとして利用する場合、たとえば花屋のアカウントでありながら、花を掲載した次の日は、投稿担当のスタッフが食べたランチの画像の投稿、など世界観が煩雑ですとファンは付きにくいです。世界観を作り出し、インパクト…いわゆる「映え」のある発信をすれば集客に直接繋がってくるものです。

また、Instagramのアルゴリズムもスタートした2010年と比較すると、ユーザーのニーズに合わせて変化してきました。

利用者が増加するにつれ、見られる事なく埋もれてしまったフィード（ホーム画面）が70%まで達しました（2021年6月Instagram責任者のAdam Mosseri氏のブログより）。親しい間柄のユーザーの投稿であっても半分近くが見逃される、という状況になり、Instagramは利用者の関心に基づいて投稿をランク付するフィード（ホーム画面）を開発し導入しました。

このことからも、Instagramのアルゴリズムの1つとして「ユーザーが何に関心があるか」というセグメントを重要視している事が分かります。

ですので、1つのアカウントで、関心ごとが多岐にわたる利用の方法は集客には向かない、と言えるのではないでしょうか？　ビジネスシーンで例えるのなら、商品やサービスの情報にまざって社員の日常やランチの様子などが混在しているパターンなどです。

## Facebookでの集客とは

Facebookは、もともとは友人や家族とのコミュニケーションツールとして始まりました。他のSNSと異なり、実名で参加している点が特徴となっています。そのおかげで、利用者同士の繋がりは、よりリアルで臨場感があるものとなっています。

Facebookで繋がり、その後リアルで会った時「初対面の感覚が薄い」と言った経験がある方もいるのではないでしょうか？ それほど、Facebookの臨場感は強いものとなっています。もともとの開発目的が「友人や家族とのコミュニケーションツール」である事を思うと、臨場感を持ちやすい仕組みも納得がいきます。

さらに、集客ツールとして使う場合に、ユーザーにみつけてもらいやすい、お店や商品名、サービス名や会社名でページを作るビジネス向けのアカウントの作成も可能です。すでに登録している個人のアカウントで管理者となることが可能で管理が容易です。ここでは友達リクエストの代わりに、「いいね！」をクリックすることでファンとして認識がされます。

Facebookでの集客では、インスタグラムよりも多くの文字情報を掲載することで、より多くの詳細を伝えられることが特徴です。また、ユーザーも中高年層が多いことから、そのターゲットにあった発信の仕方を考えていくのがポイントです。

さらに、Facebookは、文章の長短に関係なく表現でき、動画や画像の連動なども交えて情報発信できるマルチツールであるところも魅力です。

Facebookのアルゴリズムも、Instagram同様ユーザーのニーズと、開発当初の目的に合わせて年々変化をしていきました。Facebookでの集客で気をつけたいアルゴリズムとしては「ニュースフィード（トップ画面）には友人や家族からのより多くの投稿や会話を促す」というものです。Facebookは意図的に企業ページの投稿は劣後される仕様になっています。

だからといって、Facebookでの集客の難易度が変わるわけでもありません。個人アカウントでの集客は可能ですし、企業ページもそれ自体で集客を狙うのではなく、2次的3次的な利用戦略で集客としての活用方法はあります。

## メルマガ・ブログ「今さら」と思っていませんか?

### 継続することでリピートが増える財産となる

メルマガとブログは少しだけ役割が異なるものです。いづれにしても、こちら側から発信し、その結果として集客につなげるツールという意味では、同じような役割になります。

私の場合、メルマガが約2年、ブログに至っては10年間続けています。どちらも継続が大切な媒体なので、長く続ければ続けるほどファンの精度が上がりリピートも上がってきます。

ちなみに、Facebookの友人は1400人ほどいますが、実際に発信して、すぐに表示がされている友達は100人くらいかと思われます。Facebookはアルゴリズム上繋がっていても普段から「いいね！」を押し合う仲でないと「親しい」というセグメントを行わないため、システム上、相手のホーム画面に表示されにくいようにできています。

ところが、メルマガはシステムエラーを起こさない限り登録されている人全員に間違いなく届くものです。あとは相手がそのメールを開くかどうかの問題です。そのため、興味関心を持つようなタイトルと文面を駆使して読んでもらうようにする必要があります。

ブログといえば、よく耳にするのが「アメブロ」や「Wordpress」です。私の場合は「Wordpress」を使っています。慣れると簡単に文章と画像が入れられ、カスタマイズ範囲が広いことにメリットを感じています。何より「アメブロ」のようにプラットフォームを借りているという状態では無いため、不要な広告は入りませんし、プラットフォームがサービスを終了となり積み上げたブログが無くなってしまう。というリスクを避けることができます。

私のブログの場合、仕事で1工事1記事を心がけて、ほぼ毎日更新していきました。「蛇口が壊れた、どうしよう」「水が漏れて大変」など、その日に修理させていただいた内容を掲載していきました。しかも、これを全て自分で文章を書くのではなく、スタッフに日報代わりとして書いてもらうようにしたことで、さまざまな効果が生まれました。
一つは、全ての記事を自分で書く必要がないため、その時間を他に有効に利用できる事
一つは、スタッフが日報を書くという煩わしさから解放される事
一つは、お客様が自分の工事記事の掲載がされることを楽しみにしてくれている事
一つは、お客様が楽しみにしているため、スタッフのブログへのモチベーションが上がる事

そうしてコツコツと積み上げる事で情報量が多くなり、Googleのアルゴリズムが優良なページと判断し、上位検索に引っかかるようになります。この一連の流れを私は「財産」だと思っています。

この財産を積み上げることにより、結果的に検索されたブログの記事から「この場合の修理はこんなものなんだ」とお客様にリアルな作業内容への理解が深まり、作業員の人柄も伝わり、安心感に繋がることで問い合わせ↓集客に繋がっていきました。

ブログの注意点は、とにかくアクセスを集めてリピートしてもらうことです。ブログを読んでくれた人がブログを更新する度に来てくれることが大切です。そこに過去の記事がたくさんあれば、後から読もうとブックマークしてくれます。さらに、面白いからと、メルマガ登録をしてくれるところまでいけばしめたものです。

## ★可能性を信じて手掛けたWEB集客から得たもの

「インターネット経由では、工事屋さんへ直接仕事を依頼するお客様は来ません」、最初は、そう言われていた時代でした。

私のような水道工事屋さんの場合は、どこかの下請けでしか仕事が入らないのが当たり前の時代でした。もし、自分で独自に営業するのであれば、チラシを作ってポスティングするか、新聞に織り込み広告を入れるか、といったところでしょうか。やったとしても費用対効果はあまり期待のできるものではありません。今すぐ工事が必要な人にチラシが届く確率が低いからです。当時のお客様は、工務店や不動産屋に相談して、その下請けとして私たちが登場するといった方法か、NTTのタウンページで調べて直接依頼してくるかのどちらかしかなかったのです。

私が起業した頃は、ちょうどiPhoneが発売され、世の中の多くの人は、調べ物をインターネット検索するようになり始めていました。私もいろんなことをインターネットで調べていくうちに、「あれっ、リフォーム業を調べてもたいした情報がないぞ!」ということに気づいたのです。その時に閃きました。もし、リフォームの具体的なことがネットで調べることができたら見る人はたくさんいるだろうなと思ったのです。その可能性を信じてインターネットで発信してみようと考えました。

そして、インターネットに「こんなことできます」「価格はこれです」「こういう工事をしました」といったように、わかりやすくアップしていったのです。すると瞬く間にアクセスがあり、問い合わせが殺到したのでした。この頃は、まだこのような方法でリフォームや工事のことを載せたWEBサイトがネット上にはあまりありませんでしたからインパクトがあったようです。さらに、私とスタッフを登場させて親しみやすさをアップしたのも成功でした。

このようにWEBサイトを自分たちで使いやすく仕組みを構築していくことで、効率も良くなり、集客への予算も少なくてすむようになりました。それと同時に、お客様が何を求めていたのかも手に取るようにわかってきました。結局、曖昧な工事費用ではなく、どのような工事がいくらで、どんな人が直してくれて、とオープンにすること、まさに信頼感が一番ということを再認識しました。

# 第2章

# 大手ＷＥＢ制作会社への依頼をしてはいけない理由

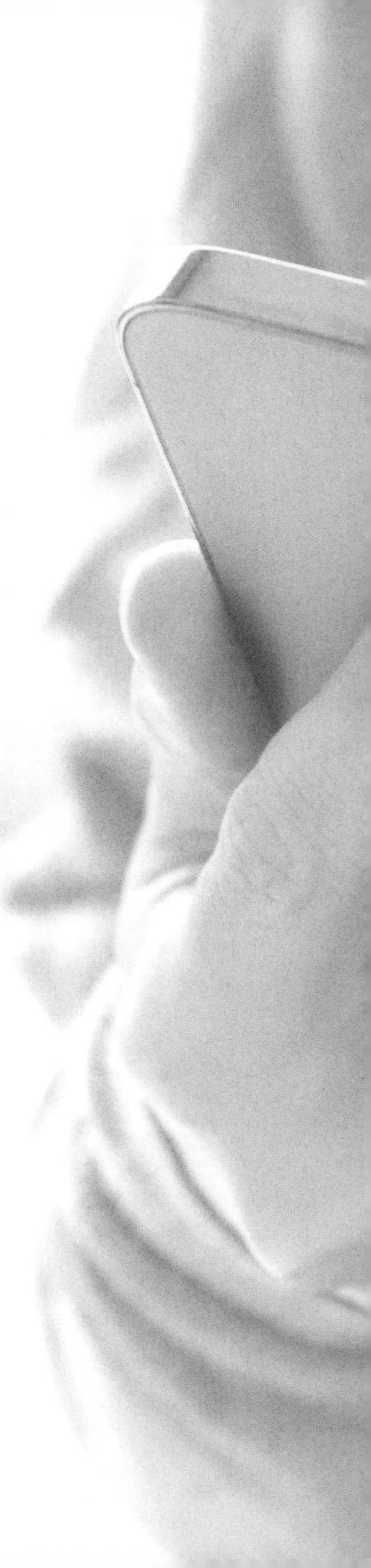

## WEBサイトは自分で作れる

自社の商品やサービスを売るために、集客を目指すWEBサイトが大切だということはわかりました。しかしながら、WEBサイトを作ったら、すぐにお客様がくると思っていませんか？

過去にWEBサイト制作のお手伝いをした際に「今はスタッフが足りないから、お問い合わせがたくさん来ても困ります」と言われた事があります。安心してください！　WEBサイトを公開すれば即お問い合わせが沢山来る、という現実はありません。

私の経験からも、WEBサイトを作っただけでは集客は無理だとわかっています。問題は誰に向けて、その「誰」はどんな課題を持っていて、どういう戦略でWEBサイトを見せていくか、さらにそれを公開後にどういう展開でWEBサイトを育てていくかにかかっています。そうです、WEBサイトは育てていく事でやっと集客効果を発揮するのです。

それなのに、WEBサイトを作りませんか、と営業にくる大手の制作会社に依頼すると、200万円、300万円という制作費を請求してきます。それがリース契約になっていることが多く、毎月の費用が数万円なのでついついお願いしてしまいがちです。しかも、その月々の費用は初期制作費用の分割分であって、WEBサイトを育てていくための作業費用やノウハウは含まれていません。結果、リース契約の縛りから逃れられず、見栄えはいいけどお客様が全く

**図2-1　無料で使えるWEBサイト作製ツール**

1. WordPress
2. Wix
3. Jimdo
4. ペライチ
5. Weebly
6. Google サイト

来ないWEBサイトを何年間も維持しなくてはならないといった問題が発生します。この話は「WEBサイト、あるある」の話です。もしも、WEB制作会社から電話によるセールスがあったとしたら、一度立ち止まって考えてみてください。本当に集客できるWEBサイトが作れる会社だとしたら、電話でのセールスが不要な事に気がつくはずです。

飛び込みのWEB制作会社に依頼したばかりに、リース代ばかりにお金がかかり、やめることもできないお荷物のWEBサイトを公開し続ける。このようなことになるので、よく考えず外部にWEBサイト製作を依頼するのは絶対にやってはいけないことです。

最近では、無料で作れる簡単なWEBサイトのプラットフォームもあります。見栄えではなく内容が伝わることが一番と考えれば、素人が作ったものでも実は十分に集客ができるのです。

図2－1で、専門的な知識がなくてもある程度のWEBサイトを作ることが可能な無料のツールで代表的な物を紹介しておきます。

## 大手ITマーケティング会社へ広告出稿の依頼をしてはいけない理由

### WEB広告の代理店選びは慎重に

前述しましたが、WEB広告には多くの可能性があることをお伝えました。しかし方法を間違えると費用ばかりがかかってしまい、想定していた収益が得られないこともあります。たとえば、大手といわれているITマーケティング会社に安易に広告依頼をするとします。事前の説明内容で期待が膨らみますが、実際に運用を始めると「毎月のコンサルフィーの話ばかり…なかなか結果が出ないのに…」ということになりがちです。

また、組織が大きいために、営業マンとシステム担当者が別の人で、難しい問い合わせに対しては伝言ゲームになりがちで時間がかかり機会損失になりかねません。

その点、小さな代理店は、相談をマメにしながら運用できるところがいいと感じます。WEB広告を取り巻く環境は目まぐるしく進化しています。数年前は有効であった方法が、今は全く効果がないということがよくあります。少し前までのSEO（検索エンジンに対する対策）は、リンクを購入することで無理くりに検索上位に持ってくる方法が主流でしたが、現在は、リンクの購入自体にペナルティが課せられるために、検索に上がるどころか検索に引っかからないことにもなりかねません。そこで、今の主流は有益なコンテンツを数多く作って、実際のユーザーからの人気や信頼で検索を上げていく方法になっています。

## 代理店はどこを選ぶのがいい？

ネットで代理店を検索すると、大手以外にも驚くほどたくさんの会社があることがわかります。それぞれの条件を吟味することで、親身に付き合ってくれる小さな代理店も見つけることが可能です。できればそういった会社を吟味して広告出稿することが賢明です。

代理店を選ぶ時に注意すべきポイントを経験から考えてみました。

### ●手数料が安いというだけで選ばない

代行手数料は代理店によってまちまちです。ただ安いからという理由で選んで失敗したという話もあります。選ぶ時に一番重要なことは、しっかりと成果を上げてくれて、継続して運営するために常に改善に力を注いでくれる代理店を探すことです。口コミや評判をチェックして吟味してください。

### ●担当者が親身かどうか

代理店選びでは、誰が担当してくれるのかも重要な問題です。広告の成果には担当してくれる人の能力や情熱も影響してきます。

### ●各種認定資格は持っているか

リスティング広告では、Yahoo! JAPANとGoogleの認定を受けているかが選ぶ基準になります。認定がなくても広告は出せますが、あった方が運用がスムーズであるといえます。

### ●取り扱いの広告媒体の数

Yahoo! JAPANとGoogleなどの検索エンジンだけでなくFacebookやTwitterなどのSNSでの広告も扱っているかもチェックポイントです。

以上のように、ポイントはいくつかありますが、代理店は無数にあるために、打ち合わせの段階で少しでも気になったことがあれば、これらについてチェックしてみるといいでしょう。

## WEBサイト等のリース契約はやってはいけない

### 本当にWEBサイト制作にはお金がかかる？

WEBサイトの制作代金を一括で払うのには資金がない、しかしWEBサイトは必要、と考えている小さな会社にとっては、月々2～5万円の支払いだけで済むリース形式があれば心は動かされます。しかしよく考えてください。本来はWEBサイトというものは無形であり、それがリース契約でいいのでしょうか？

WEBサイト自体のリース契約はできませんが、更新するためのソフト代やSEO（検索エンジンに対する対策）サービスの保守にリースをかける形でリース会社は設定してきます。このような悪質なリースに対して経済産業省・中小企業庁では契約に注意を発しています。

たとえば、WEBサイトを月3万円で5年間リースすると、総額はざっと200万円です。よく考えてください。流行やアップデートなど変化が早いインターネット業界の5年は、他の業種でいえば20年くらいの技術の誤差が生まれます。5年後にはデザインだけでなくシステムやサービス提供は陳腐化してもはや使えないものになるかもしれません。途中で改定しようものなら、さらに資金を要求されます。

今は安くＷＥＢサイトを作る方法もあるわけですから、間違ってもＷＥＢサイトのリースだけはやってはいけません。

とはいえ、自分でＷＥＢサイトを作るスキルもなければ、これから勉強する時間もない人がほとんどだと思われます。まずは、予算をあまりかけずにＷＥＢサイトを開設する方法を模索することをお勧めします。

ＷＥＢサイト制作に基本的にかかるのは「ドメイン費用」「サーバー費用」「コンテンツ制作」の３つです。この中で「ドメイン費用」と「サーバー費用」は絶対にかかるものですが、「コンテンツ制作」に関しては、Wordpress や Adobe Dreamweaver などの簡単ソフトを使って自身で作る方法もあります。あるいは、ＷＥＢサイト制作会社に「トップページ」「商品・サービス紹介ページ」「会社情報」だけを作ってもらう方法もあります。

## 綺麗なＷＥＢサイトは必要ない

### 集客＝綺麗なＷＥＢサイトではない

会社のＷＥＢサイトを作るときに最初に思うことはなんでしょうか？「カッコよく」「いい

**図2-2　ターゲットとペルソナの違い**

デザインで」「まるで大手企業のように見える」…そんな言葉が頭に浮かぶのではないでしょうか。

本当にこれでいいのでしょうか?

集客がしたければ綺麗なWEBサイトである必要ありません。綺麗に見せることで本来の目的を見失ってしまいます。集客を目指すなら、洗練された美しさよりも、シンプルで素朴な感じのデザインがいいと考えています。

もっと具体的なお話をさせて頂くとしたら、ペルソナを意識し閲覧する側の視覚と思考に負荷をかけないシンプルなデザインにする事が望ましいと考えます。ペルソナとは「自社の製品・サービスを利用する最も典型的なモデルユーザー」のことであり、ターゲットをより具体化し、あたかも実在する一人の人間として細かく設定した人物像です。

たとえば【パーソナルトレーニングジム】のペルソナ

**図2-3** ペルソナシート

名　前：佐藤健太
性　別：男性
年　齢：33才
職　業：外資系保険営業マン
年　収：450万円
家　族：独身
居住地：愛知県名古屋市
趣　味：飲み会・スポーツ観戦
SNS：Twitter・Instagram

**現在の悩み**

普段は車移動のため運動不足、最近少し体型が気になる
そろそろ彼女を作りたい。女性にモテるために本気で身体を絞りたい。
通常の会員制ジムだと飲み会を優先してサボりがち（過去に経験あり）

として、自社の所在地・サービスの内容・価格帯などを加味し、上のような設定（ペルソナシート）をしたとします。

このペルソナに対して、パーソナルジムのオーナー個人の趣味で「黒とゴールドを基調とした、高級ラウンジのようなカッコいいデザイン」に設定したとしたら？　おそらく、経済的に潤沢なゆとりがある年代でもないペルソナにとっては、高級なデザインに「きっと会費も高いのだろう」と尻込みして、内容を吟味するところまでに至らないでしょう。

「WEBサイトの本来の目的はなんですか？」ともう一度考え直してみましょう。

それが、もし企業のイメージを伝える看板的な働きだけでいいと思うのであれば綺麗なWEBサイトを作ればいいのです。ところが、そこから一人でも集客したいと思うのであれば、WEBサイトが集客装置にならなくてはなりません。

では、集客できるWEBサイトとはどういうものなのでしょうか？

ここで4つポイントを挙げてみます。

## ●WEBサイトを見た瞬間に「何屋さん」かわかる

WEBサイトの最初の部分に、「何の会社なのか」が誰にでもわかるアピールをしていなくてはなりません。お客様は調べたいことを検索して、最初のページにたどり着くわけですから、そこに的確に欲しい情報がないとスルーされてしまうからです。

WEBサイトの最初のページ（WEBサイト）は、お店でいうならいわば「看板」に当たります。

どちらの看板のお店が、何屋なのか明瞭であり、ターゲットが抱えるお悩みに直球で刺さるでしょうか？

## ●実際に撮影された本当の写真が出ているか

色々なWEBサイトを見ると素材集から引用した写真がたくさん出てきます。フリーの素材集だと、どこかで見たような写真ばかりで信頼性が落ちてしまいます。また、ビジュアルを追求するあまり、外国人の素材を使っていたりすると逆に親近感とは真逆の効果を発揮し、見込み客の足を遠ざける場合もあるかもしれません。

もちろん、ターゲットの設定によっては外国人の素材の方が望ましい場合もあります。実際に撮影したものをアップするとリアリティが増して親近感が生まれます。私の場合はお客様に、自分やスタッフが顔出しすることで安心感が増すと考えています。

商品を売る場合も、色々な角度から撮影し、手に取った時のように商品が見られる写真がいいと思います。

## ●連絡先が目立つようになっているか

ここに頼もう、これを買おうとお客様が思っても、どこから購入するのか、どこに連絡するのかがわかりやすくなっていることは必須です。

コンテンツの動線やボタンの配置がユーザー目線であること。デザインより優先する項目の1つです。私のように工務店などの下請けではなく、一般の方をターゲットとした工事関連ですと、メールよりも電話での問い合わせの方が多くなりますので電話番号はわかりやすく表記することを心がけています。

## ●競合他社との違いがわかりやすくなっているか

お客様が一番見るところは、このサービスはよくある他店と「どこが違うのか」、ここに依頼すると「どのようなメリットがあるのか」、などです。それには、小学生でもわかる文章でズバッと書いていくことが必要です。ついつい専門用語を使ってしまいがちですが、難しい表現や、耳慣れない表現は読み手に負担を与え、結果情報が入らないとも言われています。

私の場合は、これだといくらでできるか、といった金額をわかりやすく表記することでお客様に安心してもらっています。

以上の4つのポイントを押さえて、「きれい」よりも「わかる」WEBサイトを目指してください。

## 買取式のサイトは実は損!?

### WEBサイトにはメンテナンスが必要

「WEBサイト作ります」といった広告をよく見ます。今では価格競争も激しく、驚くほど安く作ってくれる業者も出てきました。私たちのような小さい会社にとってはありがたいものですが、そこには落とし穴もあります。

ただページを作るだけで「はい、いくらです」、それでWEB上にアップして終わりというのが現状です。うちはそれで充分だ、と思われるかもしれませんが、実はそこが世間一般で広く誤解をされている部分なのです。

第1章でも触れたように、初めて集客用のWEBサイトを作る時、あたかも作ったらすぐ集客ができると勘違いされる方がほとんどなのですが、集客のためのWEBサイトは作って終わりではなく、お客様の反応を見ながら育てていくものです。

さらに、掲載している商品がモデルチェンジをしたので刷新したい！新しいサービスを始めたから掲載したい！こんな事も頻繁にあることでしょう。そう思うと、作って終わり。のWEBサイトでは不都合が生じる場合があります。

また、WEBサイトは外部に公開されている、という特性上、サイバー攻撃から狙われやすいです。一見何事も問題が起きていないように見えても実は攻撃を受けている、といった脅威も存在します。攻撃件数を平均化すると1サイトあたり15件／月の攻撃を受けている計算になるとも言われています（もちろん、セキュリティ対策が強化されているサイトは攻撃を受けにくいため、あくまでも平均値となります）。

サイバー攻撃の脅威は多岐に渡り、たとえばクレジットカード情報を抜き取るような直接的に金銭的な損失につながる事例もあれば、間接的に機会損失となる事例もあります。

たとえば、長期にわたり更新を続け検索順位を順調に上げてきたのに、ある日、サイバー攻撃にあい表示されなくなった、あるいは攻撃によって改ざんされてしまった情報を修正するために、しばらく公開が出来なくなったことにより検索順位が下がってしまう、自社のサイトにアクセスすると別サイトに飛ぶように改ざんされており会社の信用が損なわれた、などといった二次的な被害事例も多く存在します。

また、メンテナンスを怠る事によるリスクを知らないままメンテナンスサービスの無い契約をしてしまうと、不具合があって内容を改定しようにも訂正することができない、サイバー攻撃にあってから「どうしようという」と慌てて制作会社に修正を依頼したら高額な料金が発生した、ということも起こります。さらには頼んでいた業者がなくなっていたりといったことも少なくありません。

こういうことがあるために買取式のＷＥＢサイト制作はやめた方がいいのです。作ってもらうなら、多少の維持費を払い続けてもメンテナンス込みでお願いするのが正解だと私は考えています。

ＷＥＢサイトは生き物ですから、すぐに古くなって陳腐化します。その結果、集客やマーケティング効果がなくなっていた、なんてことになる前に、マメにメンテナンスすることで生き続けて、集客効果を持続させてくれます。

できることならメンテナンスに関しては、社内に少しでも知識のある人材を確保しておくのがいいでしょう。そのメリットは次で触れさせていただきます。

## ＷＥＢを業者任せで発生する悲劇

### 自分たちのＷＥＢサイトは自分でコントロールする

ＷＥＢサイトはできた…しかし全てを業者任せにしておくと、あまり動きのないただの会社案内か掲示板のようなＷＥＢサイトになってしまいます。

自分の会社が、今、何をやっているのかなどを日々発信できるのがWEBサイトの利点であるのに、それができていないと意味がありません。

制作会社に依頼する場合、WEBサイトの一部分で良いので「動的ページ」といって、情報を更新できるページで、かつ簡単に更新がしやすい仕組みのページを作ってもらい、社内の知識のある人材に更新を担当してもらいましょう。そうすることで常に情報が更新されているページとして、お客様にもGoogleに対しても信頼度も上がります。

多少の手数料を追加しても、このように自分たちでコントロール可能な場所を作ってもらうことで、集客できるWEBサイトとして育てていきましょう。

## 大手サイトの真似は逆効果

### 集客を目指したWEBサイトという目的をブレさせない

私が、「WEBサイトを作るときのポイントは?」と聞かれたら、「大手の立派なサイトを真似するのではなく、同じ規模感で、目標とする会社のWEBサイトを真似しましょう」と言います。

確かにWEBサイトの魅力の一つに、小さな会社でも世界に対して大手企業と同じ土俵でPRができるといったメリットがあります。だからといって、大手企業のサイトを真似したとしたら、一体いくらの費用がかかるかわかりません。しかも大手企業のサイトは、集客というよりは企業理念や社会貢献を全面に出し、ブランティングをメイン目的としたものがほとんどです。

小さな会社が目指すのはあくまでも集客です。もし、どこかのサイトを参考にしようと思うなら、自分の会社と同じ属性のターゲットを設定し、同じような規模感や市場感で、WEBサイトからの集客を成功している会社のサイトを参考にすべきです。そこには何が書かれているのか、どういう展開で集客につなげているのか、極端に言えばそっくり真似するぐらいの考え方でいいと思います。徹底的に真似をしたとしても作り手もサービスも商品も異なるわけですから、その中からオリジナルも生まれてくるのです。

もし、自社のWEBサイトが他社に真似されるようになれば成功といえます。私の会社のWEBサイトも規模感でいうと100倍以上の大きな会社に真似をされています。同じようなWEBサイトができてくれれば、またそこから切磋琢磨して新しいことをすればいいのです。むしろやる気が出る話だと思いませんか？

## ★売上2000万円の会社が数年で3億円以上の装置を作った法則

世の中がインターネットの可能性は無限だと思い始めた頃、私もWEBサイトを作って集客できないかと考えていました。制作をお願いしていた人にWEBサイトの中に、給湯器だけのページを追加してもらいたいと依頼したところ、勘違いで給湯器だけの「給湯器.com」のような、別のWEBサイトができてしまいました。

これが結果的にWEB集客の基礎となりました。公開して10分で電話がかかってきました。そしてその月の売上は200万円、翌月には600万円、そして800万円と伸びていきました。

成功のポイントは、当時は珍しかった「給湯器に特化した」ことでした。リフォーム業者のWEBサイトはいくつかありましたが「給湯器だけ」のものはここだけだったからです。そして、さらに細分化して「地域」ごとに分けました。「給湯器・名古屋」とか「給湯器・三重」といった具合です。これも当時では珍しく、地域ごとに検索できるものはまだありませんでしたから効果がありました。

その後、「給湯器.com」だけでなく「レンジフード.com」「ガスコンロ.com」「トイレ.com」と作っていき、それぞれ地域ごとにWEBサイトを作りました。その数はなんと20

0サイトにもなりました。

こうなると500人の優秀な営業マンがいるようなものです。黙っていても24時間働いてくれます。問い合わせは殺到して仕事はグルグル回り始めました。その結果、これまで売上が2000万円だった会社が3億円にまでなったのです。

「集客装置」がこれで完成です。後は、お客様に信頼感を持ってもらうために、マメな更新と施工事例の報告、そして一番の売りは、スタッフが登場することでした。施工業の人は少し怖いといったイメージがありましたから顔を出すことで安心感が増しました。「この人が来てくれるんだ」と、お客様は喜んでくれました。このようなこともインターネットだからこそのコミュニケーションの一部です。

どのような業種であっても、私が作ったような「集客装置」ができてしまえば大きな勝者にも負けない営業部隊が構築できることを知っておいてください。

# 第3章

# こう使え！YouTubeは集客装置、受注後押し装置

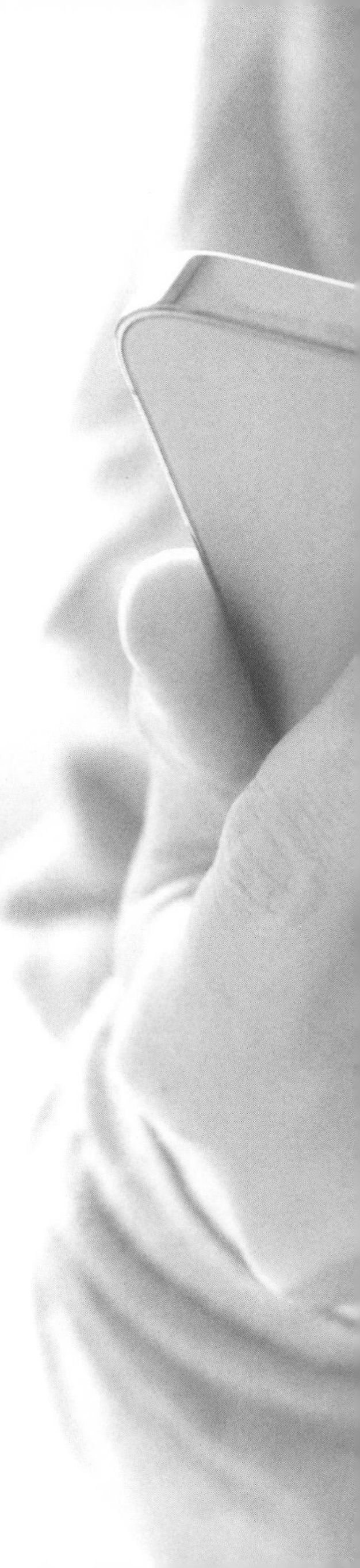

## 興味をそそる動画が必要

「YouTubeを使って集客しました」という話を聞きますが、実際どうやって集客に結びつけるのがわからない、動画での集客は費用がかかるのでは？　といった意見を聞きます。しかし、ちょっとした工夫で驚くほど低予算運用できるのがYouTubeです。さらに、YouTubeを効果的に活用することで自社の商品やサービスを、日本以外、つまり世界中に発信できる利点があります。

YouTubeは世界最大の動画共有サービスです。その利用者は世界で20億人以上の人がアクティブユーザーであって、毎分１００時間もの動画がアップされるといった化け物のような媒体です。

このYouTubeを使って集客するにあたって考えられる方法は2通りあります。

1つは、YouTubeから会社のＷＥＢサイトやＬＩＮＥ公式やその他ＳＮＳに誘導する方法です。今まで文字情報だけで素通りしていたお客様を動画というわかりやすい方法で興味をそそって誘導するのです。

動画ではあなたの会社やスタッフが親しみやすく登場して「この後どうなるの、続きが気になって仕方がない」「もっと商品やサービスについて詳しく知りたい」といった動画を作って、そこから次のステップであるＷＥＢサイトやＬＰ・ＳＮＳなどに導くのです。ただし、ユーザーはYouTubeで知りたいことを検索して見にくるので、とにかく、いかに興味をそそる動画を作れるかが勝負になります。ここのコツについては、後述します。

もう1つ私が実践しているYouTubeの活用方法としては、動画で商品やサービスをわかりやすく説明したものをアップすることです。

その動画を自社のWEBサイトに埋め込んでおくことで、ユーザー自身が「文章を読む」という煩わしさから解放され、商品やサービスの内容が手に取るようにわかります。

さらに、ここで実際のスタッフを登場させることにより、ユーザーは親近感を持ち同時に安心感を得られるので、問い合わせなどへの心理的ハードルが下がります。WEBサイトにスタッフの写真やイラストを掲載することでも、安心感は与えられますが、声や動きを感じられる動画では見込み客が抱く安心感の大きさは雲泥の差と言っても良いのではないでしょうか。

実際に、私のYouTubeを見て問い合わせを頂いたお客様の元へ、初めてお伺いした時「あ！YouTubeの人だ！」と、声がけを頂き、そこからは和気藹々と商談を進めることができました、お客様が動画を見ていない場合すぐに和やかな空気にすることは難しいかもしれません。これが「安心感」の効果であり、少なからず成約率にも影響していると考えています。

さらに付け加えると。集客には直結しませんが、私が動画をおすすめする理由があります。それは「生産性を上げる効果がある」ということです。

ユーザーへの注意事項や商品やサービスの説明、初取引のお客様に毎回行うルーティンの説明がある場合、これを動画に撮っておき、事前あるいは事後に顧客に見せることで、スタッフの手間が省けるということです。

YouTubeについては、第4章で詳しく触れていきますので、ここでは、映像の作り方についてポイントを挙げておきましょう。

## ●動画の長さは5分くらいにする

考えてみてください。YouTubeを見る時に20分とか30分といった長い映像を最後まで見るでしょうか？　答えはノーです。長い動画を見るのは、発信者のファンであったり、物語であったり、ゲーム実況のようなものです。

これは、動画に限らずですが「集客」とは「ユーザーの困りごとを解決すること」が鉄則です、困りごとを抱えているユーザーに対して望んでいる答えを素早く提示してあげること。これが出来ておらず、無駄に長い動画をアップしても、視聴者は早々に離脱してしまい「動画視聴時間1分」と言ったことになりかねないです。

これではYouTube側にも「視聴時間が短いから有益な動画じゃない」と判断されても仕方

がないかもしれません。

お客様が本当に欲しい情報をコンパクトに動画にするために5分くらいにまとめるのがいいでしょう。もし、情報が多くて…といった場合でも内容を精査して分割して発信してみてください。そうすると、視聴者のニーズがわかってきますので、視聴時間が長かった動画のテーマで再度詳しい内容の物を作ればいいのです。その場合も10分くらいにまとまっていることが理想です。

## ●1動画1テーマにする

私は工事屋さんなので、どういうところを修理したのか、何を設置したのかを一工事ごとに動画にしています。あれもこれもと同時に入れると、何が言いたいのかわからなくなってしまいます。そのため、１つの動画に１つのテーマと決めています。

たとえば、一軒のお宅でトイレ工事・お風呂工事・キッチン工事と行ったとしても「A邸工事の動画」とせずに「トイレ」「お風呂」「キッチン」と分けます。あるいは「キッチンの配管工事」「キッチンの什器設置」くらいまで分けるかもしれません。

これには、いくつかの理由があります。１つ目は再生回数が上がるから、次に視聴維持率が上がるからですが、ここからは「YouTubeを継続するため」の理由になります。YouTubeは

「継続」と「頻度」が登録者数獲得のキーになりますので、初心者のうちは「質より量」と心がけてください。

### ●一番伝えたいキーワードをタイトルに入れる

YouTubeの動画とそのタイトルは、YouTubeの中の検索だけでなく、Googleの検索にも関係します。必要なキーワードが入っていないとなかなかお客様はきてくれません。

### ●動画の説明欄にも注意する

YouTube動画画面の下に出てくる説明欄もほっておいてはいけません。タイトル部分に盛り込めなかったキーワードはこの説明欄で捕捉することで検索にもかかってきます。同時に自社のWEBサイトのアドレスもここにリンクすることを忘れないようにしましょう。

このようにYouTubeからの集客は、文字をあまり読まなくなった現代では詳細を伝えるためにぴったりの媒体となります。自社の商品やサービスを写真と文章で伝えるよりも、動画で自分の言葉で伝えることが一番の営業となるのです。

## こう使え！ Facebookは、事業の宣伝と社長の人となりを伝えるツール

### Facebookは使い方を工夫して集客する

無料で個人や企業の情報を世界に向けて発信できるのがFacebookです。同時にターゲットを絞った広告も非常に少額で打つことができるビジネスツールです。

毎日、電話やメールをしている仲間であれば、その人がどのような人物なのかは手に取るようにわかります。そういった親しい仲間であればビジネスもうまくいきますし相談もできます。その効果と同じように人となりを伝えるのが、実はFacebookなのです。

まず、Facebookの広告とは、皆さんもご存知のように知人の発信記事の間にたまに「広告」という表示で出てくるものがそれです。この広告は「性別」「年齢」「居住地域」などFacebookに登録されている個人の情報を元に明確なにターゲティングされた上で配信を最適化して表示されたものです。さらに、あなたのこれまでの検索や「いいね」の傾向から割り出して必要と思われる広告が自動的に表示される仕組みです。

もし、あなたが健康志向であれば、健康食品や器具などがさりげなく登場してきます。そして興味があればそこから購入、なんてこともあるわけです。そういう理由で広告効果がかなり

期待できるものです。

Facebook広告を利用するとFacebookだけでなくInstagram、Messenger、Audience Networkといった計4つのメディアに広告配信ができます。

Facebook広告がその他の広告メディアと異なるところは、ユーザーが実名をベースとした正確なデータ提供による精度の高いターゲティングができることです。年齢や性別、趣味、関心、「いいね！」の動向などを基にしてターゲティングを設定できます。

次に、広告ではなく投稿による集客を考えてみましょう。

社長の人となりがわかるのがFacebookの投稿記事です。私の場合、神社巡りの記事などをよく投稿しています。どこそこの神社に行ったという記事で、「ああ、今は北海道にいるんだ」とか、「こんなことお願いしているんだ」とか、と友人たちに伝わっていきます。

投稿することで、個々にメールしたり、電話したわけでもないのに、私の行動を手に取るように知らせることができます。そこから、「今は家の近くに来てくれているんだ」「こんなこと困ってるんだ」などと友人たちに伝わっていきます。この記事から、次回会った時に話題が膨らんだり、私の仕事を思い出してくれて発注してくれたりもするのです。

要は、個人のブランディングをしやすいメディアがFacebook投稿です。人となりが伝わることでファンができ、仕事になり、そこから広がって、やがて集客のきっかけとなるのです。

## こう使え！ インスタは新時代の総合ツール

### 新時代のメディアを活用

「インスタ映え」といって、世界中で急成長しているのがInstagram（インスタ）です。アイデアとちょっとした工夫で小規模のショップやサービスの集客はできます。インスタは、今や年齢や性別、国を超えて利用され、しかもアクティブなユーザーが多く、検索を繰り返して閲覧する傾向が高いために広告には適したメディアといえます。

当初は10～20代の女性がメインのメディアでしたが、今やおじさんたちも参加して幅の広い層で利用されています。

### プロフィールが重要

インスタを集客に利用する場合に一番重要なことは、一番上に表示されるプロフィールの書き方です。自社のＷＥＢサイトへの導入や、外部サイトへのリンクへの表記は、このプロフィールの自己紹介部分に限定されているからです。この部分で一体何をしている人なのか、どういうビジネスをしているのか、などがわかれば興味を持ってもらえます。

さらに、インスタで広告を打ちたいという場合は、ビジネスアカウントが必要になります。このビジネスアカウントとは、企業名や商品やサービス名でインスタを利用するものです。広告を必ずしも出さなくてもいいですし、アカウントに関しても料金は一切かかりません。このビジネスアカウントを持つと、「ビジネスプロフール」「インサイト」「広告への出稿」が行えるようになります。

### ●ビジネスプロフィール

通常皆さんが使っているアカウントだと、コメントやＤＭによって連絡を取り合うことになりますが、ビジネスプロフィールだと、簡単に問い合わせをしてもらえるようになります。

### ●インサイト

インサイトは、自分が投稿したものに対してのデータを見ることができるものです。投稿したものが、どのように見られているかを分析すると、どういった投稿に人気があるのかなどがわかりフォロワーを増やすきっかけがつかめます。

### ●広告出稿

普通のインスタの広告は、Facebookの広告管理ツールから出稿しますが、ビジネスアカウントを持っていると、プロフィール部分にある「広告」と投稿の中の「宣伝」から広告が出せるようになります。この「広告」「宣伝」をクリックして予算や目的を、期間、ターゲットを選択すると設定できます。

以上のように、インスタは日々進化しており、いまでは「新時代の総合ツールとして」集客の要になりつつあります。インスタで投稿してFacebookにシェアすることがどうやら当たり前になってきたのです。

## こう使え！ LINEは業務効率化メインのツール

### LINEを集客に繋げるには公式アカウントを取る

LINEは連絡や情報交換のツールです。先述しましたが、小さい会社にとっては業務効率を上げるツールとして必要不可欠のものです。

このツールを集客に利用するためには、まずＬＩＮＥ公式アカウント（旧：ＬＩＮＥ＠）を取得しなくてはなりません。

では、ＬＩＮＥとＬＩＮＥ公式の違いは何かというと、ＬＩＮＥは、個人向けで利用規約の中で商用利用は禁止されています。一方、ＬＩＮＥ公式は、商用に特化した機能を持つアカウントになります。

ＬＩＮＥ公式には、未認証アカウント、認証済みアカウント、プレミアムの３種類があります。一般アカウントは、法人であっても、個人であっても誰にでも設定できるアカウントです。一方、認証済みアカウントは法人と個人事業主の人だけが設定できるものです。

どこが違うかというと、認証済みアカウントは、ＬＩＮＥ公式の審査にパスしないともらえないもので、一般アカウントは審査の申請なしで取得できるものです。また、認証済みアカウントの場合は、ＬＩＮＥ公式の友だち検索結果に表示されるために集客の可能性は広がります。

ＬＩＮＥの公式アカウントでは、小さな会社でもできることがたくさんあります。

ＬＩＮＥ公式アカウントの機能を駆使すれば、今まで人的リソースを使って行っていた業務のほとんどを自動化することも可能になる場合があります。

## ●コミュニケーション方法が選択できる

普通のＬＩＮＥのように1対1のトークが可能です。そのやりとりは、他の登録者からは見えませんし、ＬＩＮＥ公式アカウントは1つのアカウントを複数人で利用することが可能なので、スタッフ数人で対応を分担することもできるようになります。

またチャットボット機能も付いており、あらかじめ登録されたキーワードに抵触すると、自動でメッセージを配信することもできるようになります。

たとえば「住所というメッセージが来たら、ショップの住所を返信する」というように登録しておけば「住所」というメッセージが送られてくると自動でショップの住所を返信します。

## ●お客様に一斉配信ができる

メルマガのように、お客様全員に同時にメッセージを配信できます。１００人でも1万人でも同時に多くの人に発信できますのでＬＩＮＥ公式の登録者数を増やすことが重要です。

また、属性登録をした登録者数（ターゲットリーチ数）が一定数を超えると使える機能が増えます。このメッセージ配信も一斉配信ではなく、性別などの属性を選択して配信することが可能になるため、ターゲットが求める情報をよりピンポイントで届けることが出来ます。

●オリジナルのクーポンが発行できる

ＬＩＮＥ公式アカウントでは、無料でオリジナルのクーポンを発行することができます。商品やサービスの割引券や実店舗でのキャンペーンなどわずらわしい紙製のクーポンを発行せずともスマホ持参のお客様に対して発行できます。

●ポイントカードが作れる

ＬＩＮＥ公式アカウントのショップカード機能を利用してお店や会社のオリジナルポイントカードが発行できます。３回来店したら10％引き、などといった設定も自由です。ショップカードをわざわざ作らなくてもいい便利ツールです。

●画像付きメッセージが作れる

画像と文字を組み合わせたメッセージを配信することができます。また、画像をクリックしてあらかじめ指定したリンク先に飛ばすことも可能です。

以上のようにＬＩＮＥ公式アカウントは小資金で始められ、連絡事項だけでなく日々発信することでビジネスにつながり、集客と顧客管理ができる便利ツールになるのです。

## こう使え！ アメーバブログとワードプレスを使い倒す

### ブログオワコン説はデマ

お金を掛けずにインターネットで発信する手段の一つとして、アメーバブログとワードプレスが思い浮かびます。どちらも無料で自分から積極的に発信できるツールです。

まず、アメーバブログとは、株式会社サイバーエージェントが運営している「アメーバ」の中のコンテンツの1つです。日本国内で投稿された全てのブログ記事の内60パーセントがアメーバブログという最大規模のブログサービスです。

動画の時代にブログはオワコンという話も聞きますが、今でも十分使えるツールです。

前記のアメーバブログも月間の投稿数は1000万件以上で新規のブログ開設は毎月約10万人という巨大サービスであり、現在でも右肩上がりに登録者数は増え続けています。ライバルが増えているという見方もできますが、まだまだ可能性があるツールである証ともいえると思います。

## 手軽に開始できるアメブロ

その中のブログをよく見ると、芸能人や有名人、さらに多くの女性起業家がビジネスで利用していることがわかります。これは、初心者でも登録や運用が簡単で利用料金が無料であるためです。また、利用者が多いことから、使い方やカスタマイズ方法で疑問が出た場合は検索すればさまざまな対処方法が出てくるところも人気の一つといえます。

このアメブロは、今では商用利用を認めていますので、これを使って集客をしている人はかなりいるようです。基本は自分の文章を発信してファンを増やしていく方法ですが、文章の内容をターゲットに合わせていかないと、なかなかアクセスしてもらえません。

大切なことは、自分の売りたい商品やサービスのお客様になってもらえる人はどこの市場にいて、どうすればビジネスに誘導できるかを分析して、そこに向けて毎日発信していくことです。そして、ここからいきなり集客に強引に持っていくというよりは、自分という人となりを皆さんに知ってもらうコミュニケーションツール、といった位置付けで記事を書いていくことでファンを増やし、やがてそれが集客に繋がるのがアメブロの活用法といえます。

## ワードプレスを使いこなす

次に、ワードプレスですが、これは、簡単に無料でインターネットサイトを作ることができるツールとして世界的に使われているものです。ＳＥＯに効果があるとGoogleが認識しているコンテンツ・マネジメント・システムということもあって、この手のツールの中で圧倒的に利用者が多いのがワードプレスです。

集客を考えてワードプレスを使うにあたっては、サイトを制作する段階でＳＥＯ対策を考慮しなくてはなりません。

では、ここでワードプレスをどう利用すればいいか考えてみましょう。

## ●無料で利用できるのに広告はない

ワードプレスは、無料で利用できるツールであるのに広告が表示されません。そのために、自社と関係がない広告表示によってデザインが損なわれることはありません。

## ●SEO対策に効果発揮

ツール自体がＳＥＯ対策を施した作りになっているため、より効果的にGoogleでの検索順位をあげることが可能です。集客のために欠かせないアクセス解析とのコンビネーションもよく、プラグインを追加することで色々なデータの取得ができます。

### ●素人でもある程度のサイトが構築できる

サイト制作の時に必要なＨＴＭＬの知識が全くなくても、記事の配列や画像の挿入や各種の編集を簡単に行えるものです。使い方に慣れてくればデザインのカスタマイズもできます。

ワードプレスをインストールすることで初心者でもＷＥＢサイトが作れますが、集客を意識したサイトにするためには、アップする前に各種の設定をしておく必要があります。

文章や写真、デザインができたら、ＳＥＯ対策に必要なプラグインのインストールを行いましょう。このプラグインはワードプレスに機能を追加するもので、そのアイテムの数は無料から有料のものまで数千種類もあります。

その中に、内部ＳＥＯを細かく設定する「All in One SEO Pack」と、ブログに「いいね」やツイートボタンを設定することでアクセス数を増やす「WP Social Bookmarking Light」というものがあります。少なくともこの2つを設定することが重要です。

## 集客するための投稿とは？

ワードプレスで集客を意識した投稿にはいくつかのポイントがあります。

### ●投稿画面を設定する

記事を投稿する時に、画面の右上にある「表示オプション」の中の設定を確認します。「All in One SEO Pack」「カテゴリー」「アイキャッチ画像」「トラックバック送信」の項目にあるチェックボックスにチェックがされているかを確認します。

### ●記事のタイトルは重要

タイトルのつけ方によって検索エンジンの上位に入る確率やSNSなどで拡散される確率が変わります。ポイントは、記事内容を明確に伝えること、SEOに効果的なワードを入れること、タイトルの文字数は32文字（全角）以内にすることです。

### ●パーマリンクを認識しやすいものに変更する

ワードプレスをインストールしたばかりのデフォルト状態であると、そのページのURLは仮の数字表記に名前がつけられています。たとえば、http//example.com/a=001といった感じです。この場合の最後の部分であるa=001がパーマリンクです。この意味の無いただの数字記号であれば当然検索に弱いわけです。

ワードプレスではこの部分を変更できますので、たとえば、new-comerとかに変更すると、

「あっ、これは新製品情報なんだ」と認識できます。

### ●本文を整える

上手な文章が必要というわけではなく、読み手が調べたいことが的確に書かれていることが大事です。さらにSEO効果をあげるためのルールを守ることも大切です。

まず、適切な場所にしっかりと「見出しタグ」が入っていることです。文字の大きさは「h2タグ以降」です。さらに、随所に「続きを読む（moreタグ）」を使用することです。最後に画像サイズを最適化して「画像のキャプション（説明文・altタグ）」の設定を忘れないことです。

以上のことを守って、アメーバブログとワードプレスを駆使することで集客に誘導する基礎ができるのです。

## ブログは資産である

アメーバブログやワードプレスでは、集客につながるブログ投稿を増やし、書けば書くほど効果が出てきます。ブログの特徴は積み重ねのコンテンツであるということです。1年前に書いた記事であっても、検索に引っかかればいつでも読者に読まれ続けます。記事が増えてくると、古い記事と新しい記事を効果的にリンクさせることによって意図的に読んでもらいたい最新の記事に誘導することができます。つまり、多くの文章が蓄積したブログは営業資産にもなるのです。

## こう使え！　メールマガジンはゆるく繋がる最強のツール

### メールマガジンの可能性が広がった

メールマガジンとは、サービスを提供する者がお客様に対して、直接メールを送信して情報を知らせることができるサービスです。

ビジネスの大きさにかかわらず、効果的に集客ができるツールの1つといえます。

ここでは、個人事業主や小さな会社に、私がオススメのメールマガジンのサービスを紹介したいと思います。

### リザーブストックで可能性は無限大

それは、「リザーブストック（通称リザスト）」というものです。リザストは、読者づくりや集客、セミナー、イベントなどの予約管理や顧客管理、連絡などまるで秘書のようなクラウド上のマーケティングシステムです。このリザストは、paypalでの売上が3万円までは無料版で使うことができます。

## リザーブストックでできること

リザストを使うことで、メルマガから個別のセッション、イベントまで誘導がスムーズにできます。

・個別の予約を受け付けることができる
・3種類のイベントを立てることができるだけでなく、4種類のリマインドメール、自動の領収書発行機能、メルマガリストに自動追加などの機能がある
・ステップメール作成ができる
・会費等のオンライン決済や銀行振込決済ができる
・クラウドファンディングができる
・ネットショッピングができる
・各種フォームが作れる（アンケートフォーム、イベントサイトなど）

その他さまざまなことがアイデア次第で可能です。

メルマガは、定期的に送られてくるものです。忘れていたお客様といつかは注文や問い合わせをしてもらえるといったゆるく繋がるサービスです。どんどんお客様を増やしていくことでそれが積み重なって大きなビジネスへと発展していきます。

## ★チャンネル登録5000人でも結果が出まくるYouTube活用術

私の場合、自社のWEBサイトにYouTube動画をリンクさせることで、数多くある水道工事の内容をわかりやすくしています。

たとえば、お客様に、それぞれの工事内容を文章や口頭で説明するよりは、以前に行った同じような工事の動画を見てもらって説明する方が伝わり方が違って、断然わかりやすいと評判になります。

工事をする度に動画を撮影させてもらって、それを細かくYouTubeに動画投稿していきました。その動画もどんどん蓄積されて、今ではトータルで1万数千本にもなっています。

ところが、最初はYouTubeに動画をアップするだけでお客様が来るかというと、そこまでになるにはそれなりの努力もありました。最初は1日に1人か2人の人が動画を見てチャンネル登録をしてくれていました。それから毎日動画をアップしていくことで、ある日から登録数は日に30人ずつ増えていき始めました。それが4000人の登録になった頃から、日に100人が登録してくれるといった急激な伸びを見せて、やがて5000人を超えると、途端に仕事の依頼が急増しました。ここでいよいよWEBサイトとYouTubeの両方から集客できるようになったのです。

このようにYouTubeを見てもらい、それを集客に繋げるまでになるためには、チャンネル登録してくれる人がある程度多くないといけません。それが、地道な投稿で、今ではチャンネル登録数も1万2千人になったため、そこからの集客ができるようになりました。

実際、お客様からの電話での問い合わせに対して、「その工事は~」と説明し始めると、「それはもう、動画で見させていただきましたからわかりますよ」と言ってもらえることが多くなっています。

最初はなかなかチャンネル登録がないと気持ちは落ちますが、とにかく動画投稿を楽しんでやり続けることが大切です。我慢して、我慢してそれでも楽しんで投稿していきます。たとえ一人でもいいのです。その一人が積み上がって大きなうねりになるのです。

# 第4章
# YouTubeの始め方

## YouTubeのこれまで

YouTubeの初投稿は２００５年4月23日でした。

「家族などと動画を共有したいけど、データが重たくて送れない。送ったとしても再生する装置がないと見ることができない」といった問題を解決するために、スティーブ・チェンとチャド・ハリーが始めたサービスがYouTubeです。

日本で本格的に始まったのは、２００７年６月でした。最初は動物などの投稿が中心でしたが、２００９年に利用者自身が登場して情報発信をし始めたのです。当時はまだ自分を撮影して投稿することに抵抗感はあったようですが、それでも開拓者はいました。その結果、今では自身を表現して大勢の人々に見てもらうことが一般的になりました。

最近は、このYouTubeがビジネスシーンでも多く使われています。私も動画投稿から集客する方法を構築して今に至っています。小さな会社にとって、費用がかからないYouTubeは大きな広告となります。

ここでは、これからYouTubeを始める人向けに考えてみました。

## YouTubeのチャンネル開設について

まず、YouTubeに動画投稿をするためにはアカウント登録が必要です。チャンネルを開設するための手順は次の通りです。

### Googleのアカウントを作成する

GoogleアカウントはGoogleが提供するサービスを使用するための会員証のようなものです。Googleのアカウントを作成するWEBページを開いて、アカウント名、パスワード、名前、生年月日などを登録することでアカウントが作られます。この時に、アカウントには「自分用」と「ビジネス管理用」と選択肢ができますが、いずれも無料で取得可能でYouTubeチャンネル開設には関係ありませんのでどちらを選択しても問題はありません。社内でGoogleの提供する共有ツールなどを使いたい場合にはビジネス管理用アカウントでも良いかもしれません。ビジネス管理用は後から自分用アカウントに変更も可能です。

図4-1

## GoogleアカウントでYouTubeにログインする

YouTubeのトップ画面からGoogleアカウントにログインするとチャンネル開設が完了します。

しかし、この状態は「デフォルトアカウント」と言い、動画などのアップロードは可能ですが、自動的にGoogleアカウントの名前がチャンネル名になってしまいます。また1つのチャンネルしか開設ができません。

ですので「ブランドアカウント」を開設する必要があります。

## ブランドアカウントの作成

ブランドアカウントを開設すること

により、独自のチャンネル名を付ける事が可能になります。また、ブランドアカウントは複数開設する事が可能なため、複数のチャンネルを持つことが可能になります。

開設の方法は次の通りになります。

①ブラウザでYouTubeを開きます
②GoogleアカウントでYouTubeにログインをする（デフォルトアカウントチャンネルが開設されました）
③右上のアイコンをクリック
④設定を選択
⑤チャンネルを追加または管理するを選択
⑥チャンネル名を入力し完了

以上の段取りでYouTubeチャンネルの解説は終了です。あとは動画をアップしていくだけです。

## YouTube初心者がハマりやすい落とし穴

ここでは、YouTube初心者が勘違いをしやすい行動や知識について触れていきます。

チャンネルを開設し、動画をアップすると各動画に視聴回数が表示されます、これは回数で

**図4-2**

**①ブラウザから YouTube を開きます。**

アプリではなく Safari や Chrome などのブラウザから
https://www.youtube.com/ と入力します。

**②チャンネルを作成します。**

右上のアイコンをクリックします。

プルダウンから「設定」を選択します。

「チャンネルを作成する」を選択し各種設定を行います。

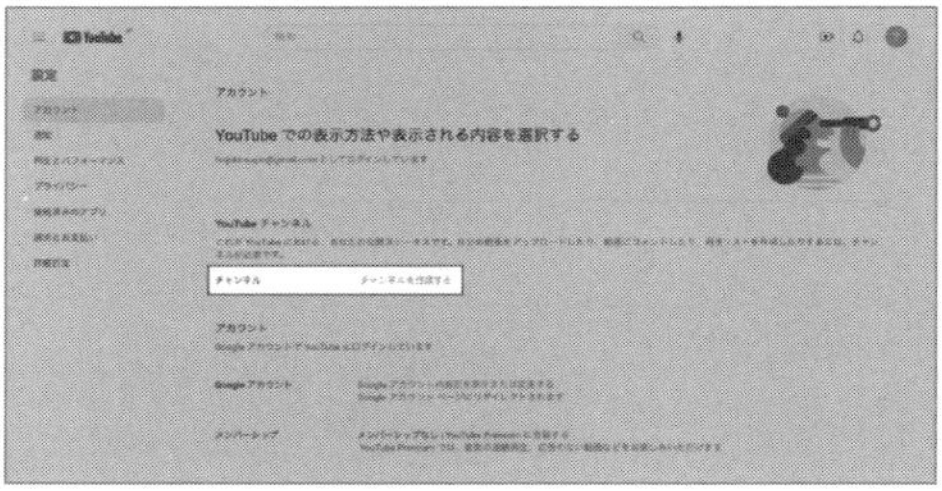

あり人数ではありません、同じ人が何回も見ている可能性もあります。

しかし、この動画を見てくれているユーザーの何割かは、あなたの提供するサービスに「興味を持つ」というステージをクリアしている確率が高い状態です。つまり、第1章で触れた（図1-7）顧客の関心度「顕在層＝知っている見たことがある」という状態であり深度が深いゾーン、「ニーズを持っている」という状態に該当します。

このことにより、何が起こるかといいますと、「文字を読んで理解する」という少しばかり面倒と感じる「WEBサイトの閲覧」というハードルも、SNSを登録するというハードルも、さらにはLINEでお友達なるという高負荷がかかりやすい心理的ハードルも超えてくる確率がグッとあがります。このように、登録者数や視聴回数が可視化されることにより「仕事に繋がる確率が上がる！」という情報提供側の期待値が上がりますし、その期待は決して的外れでもありません。

しかし、ここからが落とし穴なのですが、初心者の方が勘違いをしてやってしまいがちな行動が、友人や知人に「チャンネル開設したから登録して！」とお願いをしてしまう事です。「え？登録者数増やすのダメなんですか？」と、思われたかと思います。

私たちの目的はYouTubeからの広告収入ではなく、自社サービスの顧客を増やして収益を上げる事です。友人知人があなたのサービスに興味関心がある人だったら、登録をお願いすることは構いませんが、自社サービスに興味関心のない友人や知人にチャンネル登録をお願いして、付き合いで登録してくれたとしても、投稿のたびにチェックして視聴してもらう確率は少ないと思いませんか？

この「興味関心のない登録者を増やす」という行為は、YouTubeのアルゴリズム的にマイナスに働く可能性が高くなります。YouTubeのアルゴリズムは以下の7点の項目から点数をつけています。

・キーワードとの関連性
・チャンネル登録者数
・動画の長さ
・エンゲージメント
・再生回数（再生回数の初速）
・視聴維持率（平均視聴時間）
・クリック率

点数は多い方が「有益なチャンネルである」とみなされ、おすすめのチャンネルとして表示されたり、他チャンネルで類似の内容が再生されている場合に関連動画として上位に表示されたりと、目に留まりやすいポジションに上がっていくのは確かです。ただし、とにかく総合点が多ければ良い、というわけでもなく「登録者」と「再生回数」と「視聴維持率」のバランスも見られています。

たとえて言うなら、ポスティグや新聞折込でオープニング割引セール付きでPRを頑張ったラーメン屋が、オープン数日は行列ができたとしても、その後閑古鳥が鳴くようなものかもしれません。このように、実店舗でも、立地・PR・味・サービスなどのバランスが大切なことは、皆さんご承知おきの通りだと思います。

YouTubeも同じ事が言えるかと思います。アルゴリズムを意識してチャンネル運用を行うことは、広告収入を狙うYouTuberも、私たちのように自社サービスの興味づけのフロントとしてYouTubeを活用する場合も同じです。登録者数が1万人いたとしても、再生回数の平均が100人では、YouTubeは「有益なコンテンツである」とは認識してくれないのです。

## 楽して継続投稿を可能にする方法

### YouTube投稿をストレスにしない方法

YouTube運営を行っていく中で、大きな壁となるのが「継続」です。私自身がセミナーを行なってきた経験も踏まえると、だいたい5~10くらい動画を上げて、その後は手付かず。と、途中で挫折してしまう人がとても多いと感じています。

種まきをして、とにかく継続的に水を与えて芽が出る、しかも花が咲くタイミングもコンテンツの内容次第で個人差が出やすい媒体です。継続して運用することにより、集客や売上増大の爆発力が大きい媒体ではありますが、即効性が低いYouTube運営でモチベーションを保つことが難しく、継続を習慣化する前に心が折れてしまうのは当然だと思います。

いざ、運用をスタートさせたとして、YouTubeのコンテンツ作りは初めての体験が多く、新鮮味があり、最初は楽しい！　と感じることも多いかと思います。しかも、映像というものはうまく撮影して編集すればするほどクオリティが上がるものです。

ただし、そこに注目してしまうと、かっこいい編集をしたいとか、もっといいカメラが必要だとか、ハイスペックのパソコンが必要だ、とキリがありません。しかしちょっと待ってください。私たち小さな会社が目指すのはあくまでも【集客】です。

これまでにも述べてきましたが集客には綺麗なWEBサイトや綺麗な画像、動画など、高いクオリティであることが必ずしも必要な訳ではありません。どう興味を持ってもらえるか、どう伝えるか、わかってもらえるかが重要な訳です。

あえて言えば、動画で成果を出すコツは質より量です。時間をかけて力作を1本投稿するより、同じ時間内でそこそこの動画を2本投稿するほうが確実に成果は高まります。

少し専門的なマーケティングの話になりますが、現在は消費者の行動傾向が変わりました。インターネットが今ほど普及する前と後で決定的に違うのは「検索」と「シェア」という行動が加わったことです。どんなに動画のクオリティを上げても、検索に引っかかるかどうかは別問題です。検索に引っ掛からなければ見つけもらえるチャンスさえも巡ってこないのです。

見つけてもらう施策をする前に、動画のクオリティにこだわっていては、私たちの求める「集客」には直結しないばかりか、結果が得られずどんどん疲弊してしまうことは想像するに容易いのではないでしょうか？

ここからは、ストレスなしにYouTubeを運用し習慣化するためにはどうするか、私のやっている「小林流」を紹介しましょう。

## ●台本は書かない

動画を撮影する前に台本を作ってガチガチに作り込む人がいます。しかし、その台本を作るのに何時間も悩んで時間を使うのはナンセンスです。

小林流では、台本は作りません。今日は何の話をするか、頭の中で大まかに考えて、あとはいきなり撮影という方法です。朝礼でスタッフの前で話すといったモチベーションでいいと思います。言い間違いなどがあっても、そこは愛嬌で人柄を見てもらう部分ですから、むしろ構わないと思います。

見知らぬ知識やノウハウを話すのではなく、自社のサービスに関連する事項ですから、1テーマであれば台本不要で、せいぜい要点のメモ書きでもあればしゃべれるかと思います。

台本がないとどうしても不安、という場合は、本の目次のように伝えたい内容の要点だけを箇条書きにして、見えるようにしておけば大丈夫です。

## ●カメラはスマホで

私の場合は愛用のiPhoneで全て撮影しています。iPhoneをスタンドにセットしてスイッチを押して、話をして、最後にスイッチを切るといったシンプルな撮影です。場所は、スタジオを用意するわけではなく、会社の会議室などで十分です。

**図4-3　セリフの文字起こし（テロップ）は不要です。可能でしたらタイトルを入れましょう。**

スタジオや背景にこだわったりする手間と時間をかける分、一本でも多く動画を配信する方がよほど効果的です。こだわりは、動画撮影が習慣化されてからでも遅くありません。

## ●テロップは付けない

撮影した動画に細かいテロップは付けていません。テロップを付けようと思うと、その原稿も考えなくてはならないですし、多少の編集も必要になり、結果手間ひまがかかり継続へのモチベーションが下がってしまうからです。

テロップのあるなしが視聴者の離脱の動機にはならないと考えています。それよりも、まずは「量」と「楽」と「習慣化」にエネルギーを使う方が結果に繋がりやすいと考えています。

### ●テロップは入れなくてもタイトルは入れる

テロップは付けませんでしたが、動画再生中に表示されるようにタイトルだけは簡単に付けます。タイトルがあるだけで他の動画と差別化でき、視聴者が動画視聴中、この動画のテーマが何なのかを理解しながら視聴することができるからです。

台本なしの動画は、ときどき言葉が詰まったり、言いたい事が重複したりする事がありますが、タイトルが常に目に入る事で視聴者とテーマの共有を常時行なっている状態になり、少々話術がおぼつかなくても最後まで試聴してもらえる確率が上がります。

以上の「小林流」での動画投稿なら、ストレスが減り、楽に動画本数を増やす事ができるはずです。動画のクオリティにこだわり始めると、クオリティを上げるために作業工数が増えて、時間が奪われ、気持ちも心身も疲れ、やがては投稿数が鈍ります。それよりも今は1本でも多くの動画を簡単に作って継続投稿することに努めてください。

## 初期段階は3つの事だけを意識する

色々お伝えしてきましたが、YouTube初心者の方に一番お伝えしたいことは次の3つです。慣れないうちは、この3つを念頭に動画作りをしてください。

### 1．どんなチャンネルなのか？ をGoogleと視聴者に学習させる

初心がやってしまいがちなのが「あれもこれも」やってしまうことです。目的が「集客」でしたら、社員の日常や社内イベント、ランチやディナーの様子など個人ブログに掲載するような内容は不要です。

「踊ってみた」などのエンタメ動画を上げるなどは、ビジネス集客のための動画の場合、まったく効果がありませんのでご注意ください。

YouTubeをご自身のビジネスの集客フロントとする場合は「視聴者の困りごとを解決する内容」という事に特化してください。

視聴回数を集めたいのではなく「この会社のサービスをもっと知りたい」と「この会社信頼できそう」と思わせる事が最優先の目的です。

また、視聴者に限らず、GoogleやYouTubeにも「何のチャンネルか」「何の動画か」を学習させる必要があるあります。

そのため「踊ってみた」「従業員の日常」「会社のサービスのこと」が混在していては「一体なんのチャンネル？」となりかねません。

## 2.配信の頻度には「適量」があります

動画は財産です。配信数が多くあれば目に留まる機会も増えますし、YouTubeのアルゴリズム的にも優良とみなされる確率が上がります。みなさん「たくさんある方がいい」という認識はあるため、最初のうちは、張り切って沢山作り、1日でまとめて配信、といった行動になりがちです。

しかし、1日に何度も動画をUPする、あるいは直近でUPすることはお勧めしません。なぜなら、1日に何本も上げると自社の動画同士がライバルとなり順位を潰し合ってしまうからです。

動画をUPする頻度は週に2〜3回です。とにかくコンスタントに継続することを心がけてください。

## 3. SEOやタイトルにこだわらない

え？　と思われた方もいらっしゃるかもしれません。ビジネス集客のYouTubeを少しでも学んだ方は「タイトルにこだわる」「SEOを意識する」という情報を当たり前に目にしたかと思います。もちろん、タイトルにこだわりSEOを意識した方が良いのですが、それは「初心者じゃなくなった」と感じたタイミングの話です。

初心者のうちは「こだわりのポイントがズレている」という事がよくあります。たとえば、私がまだYouTubeを始めたばかりの頃は「水道職人が伝授する○○」といったタイトルをつけた事がありました、あるいは「プロが語る○○」といったタイトルもよく見かけますね。こうして権威性を入れると信用度が上がると思ったのですが、YouTubeの場合は「内容」あるいは「テーマ」に興味があるかないかで視聴者は判断しますので、権威性は二の次どころか、意味を成さない事がわかりました。

とにかくユーザーのお悩み解決に直結する事が検索され試聴されるポイントであり、引いてはGoogleやYouTubeに「優良な情報を提供するチャンネル」として認識されます。また、SEOを意識しすぎて、いろんなキーワードを詰め込むために長いタイトルを入れたくなる気持ちもわかりますが、とにかくシンプルで短いタイトルの方が直感的に視聴者の目に留まります。タイトルには「原因」「対処」「解決」といったキーワードが入っていると高確率で選ばれやすくなります。

【例】

× プロトレーナーが教える「あの頃に戻りたい」中年太りのお腹ポッコリを撃退する筋トレ法

○ 40代のお腹がポッコリする原因

初心者の方は、まずは以上の3つを最優先事項として意識してみてください。この3つに共通していることは「Googleに優良な情報であると認識してもらい、最速で結果を出す」という点に着目していることです。

## 小林流がGoogleを意識する理由

YouTubeは2006年にGoogleに買収されました。以降、同じプラットフォームで運用されるようになった両者は、検索結果に相互影響を与えます。Googleで検索されたWEBサイトの結果には、YouTubeの動画も反映されます。

また、現在日本で利用される検索エンジンの利用者数は、3位：Yahoo!　2位：Bing　1

**図4-4**

Googleが掲げる10の事実
Googleがこの「10の事実」を策定したのは、会社設立から数年後のことでした。Googleは随時このリストを見直し、事実に変わりがないかどうかを確認しています。Googleは、これらが事実であることを願い、常にこのとおりであるよう努めています。

1. ユーザーに焦点を絞れば、他のものはみな後からついてくる。
2. 1つのことをとことん極めてうまくやるのが一番。
3. 遅いより速いほうがいい。
4. ウェブ上の民主主義は機能する。
5. 情報を探したくなるのはパソコンの前にいるときだけではない。
6. 悪事を働かなくてもお金は稼げる。
7. 世の中にはまだまだ情報があふれている。
8. 情報のニーズはすべての国境を越える。
9. スーツがなくても真剣に仕事はできる。
10. 「すばらしい」では足りない。

引用元：https://www.google.com/about/philosophy.html?hl=ja

位：Googleとなっており、Yahoo!はGoogleの検索エンジンを使っています。ですので、Googleの検索エンジンを意識すること＝SEO対策、と言っても過言ではありません。

そして、Googleの検索を意識する上で知っておく必要があるのが【Googleが掲げる10の真実】という物です。

これは、Googleが会社設立数年後に掲げたコアバリュー、つまり「企業が経営を行ううえで重要とする価値観」です。Googleは検索のアルゴリズム含めさまざまなアップデートを行なってきましたが、どのようなアップデートであっても、この【Googleが掲げる10の真実】をベースにしています。

そして、その1番目に「ユーザーに焦点を絞れば、他のものはみな後からついてくる」を掲げていることの事実から、常にユーザー目線であることがGoogleが最も大切にしている価値観と言われています。

## ユーザーに焦点を絞れば、他のものはみな後からついてくる

Googleは、当初からユーザーの利便性を第一に考えています。新しいウェブブラウザを開発するときも、トップページの外観に手を加えるときも、Google社内部の目標や収益ではなく、ユーザーを最も重視してきました。

Googleのトップページはインターフェースがシンプルで、ページは瞬時に読み込まれます。金銭と引き換えに検索結果の順位を操作することは一切ありません。広告は、広告であることを明記したうえで、関連性の高い情報を邪魔にならない形で提示します。

新しいツールやアプリケーションを開発するときも、ユーザーにもっと違う作りならよかったのに、という思いを抱かせない、デザインを目指していることからも常にユーザー目線であることがうかがえます。だからこそ私たちが動画を作る時も常にユーザー目線であることが必要になるのです。

# チャンネル登録数1000人を一つの目標と捉える

## 目標を設定する

YouTubeを始めるのであれば、目標を持って続けていきましょう。

1つの目安として、チャンネル登録数1000人、再生時間4000時間（1年間）が最初の目標です。

ここまで増やすことができると、YouTube側からの広告収入も得られる対象チャンネルとなります。YouTuberを目指しているわけではないので広告収入を当てにするものではないですが、ここを目指すと自ずと集客にもつながる数値となり、モチベーションを保つ1つの理由にもなります。

なぜチャンネル登録者数を増やすことが大切なのかというと、YouTubeでは、新規の動画を投稿するとチャンネル登録者に新着動画があることの通知がいきます。その通知を見て新しい動画に気づいてもらえ、さらに見てもらえる機会が増えます。YouTubeでは、検索順位をあげる要素の1つに「総再生時間」が関わりますので、視聴してもらう機会が多ければ多い方がいい訳です。

## 動画100本の投稿で問い合わせ1本

何十年も前から、訪問販売の営業話として、100軒訪問してやっと1件の成果といわれています。電話営業でも同じです、100件電話して、だいたい1件の成果だといいます。私の実感としてですが、実はこれ、今のインターネットの時代でもあまり変わらない数値です。

実際に動画投稿をしていて、YouTubeへの動画投稿数が100本に達すると、だいたい1件の問い合わせが来るといった感じです。チャンネル登録数も同じように、投稿が増えれば増えるほどに増加してきます。1000件までいけばそれなりにスケールメリットが出てきて問い合わせは増えてきます。やがて気がついたら思わぬ集客になっているはずです。

# コンセプトを大事にする

## 何を誰に伝えるのかが重要

YouTube動画を作るにあたって、一番重要なことは動画内容のコンセプト作りです。

YouTube側が、あなたのチャンネル傾向や動画内容を、どの分野のどういったものかを、おせっかいにも勝手に判断します。この分析判断を元に類似したターゲットを持つ、他の動画を視聴しているユーザーに対してお薦めをしてくれます。従って、「誰が」「誰に対して」「何を」「どうしたい」チャンネルなのかがわかりやすいコンセプト・動画テーマになっていることが重要です。テーマやコンセプトが曖昧だと伝えたいところに届かなくなってしまうからです。逆に、コンセプトがバッチリはまると、チャンネル登録が増加し、動画テーマがハマると視聴回数も増加します。いわゆるバズりやすくなる、という状態を作る事ができます。

動画本数を稼ぐために、チャンネルコンセプトや動画テーマを曖昧にしてサービス紹介してみたり、従業員の紹介を上げてみたり、「踊ってみた」の動画を作ってみたり、といったことをしていると、視聴者もGoogleも「この動画チャンネルは「誰が」「誰に対して」「何を伝えたい」動画なのかわからなくなり、誰にも検索されず、Gooleにも推薦されず、多くの動画に埋もれていくだけとなります。

私の場合、主に水道工事の動画を投稿していましたので、まず、わかりやすく黄色い色のヘルメットをかぶって登場することで統一しました。その結果、工事関係を検索する人にYouTube側が勝手にリストアップしていってくれたのでした。

## どうやってチャンネルコンセプトを決めるか

チャンネルのコンセプトを考える時に、最初に「何をこのチャンネルで視聴者に伝えたいのか」を考えます。

「誰が」「誰に対して」「何を」「どうしたい」といった4つのキーワードで考えてみてください。

## ●「誰が」

もちろん「自分が」ですが、相手はあなたのことを知りません。一般的な自己紹介ですと「小林忠文です」が「誰が」に該当しますが、ビジネスマーケティングの場合は「住宅設備屋」が「誰が」に該当します。

それを伝えるためには、自社の特徴や強みなどを知っておく必要があります。既存の顧客に「なぜ当社を選んで頂けましたか？」とリサーチする事をお勧めします、きっと意外な強みが発見できるかと思います。

そうすると、「納品スピードが早い住宅設備屋」「水回りに強い住宅設備屋」といった具合に、より特徴が理解されやすい「誰が」を作り出す事ができます。

## ●「誰に対して」

第1章のWEB広告でも触れましたが、ターゲットを絞り込むことが「誰に対して」の答になります。

たとえば、あなたが不動産業だっとして、

・一戸建てが欲しいと考えているファミリーのママに対して伝えたいこと

・投資物件を探しているサラリーマンに対して伝えたいこと

この2つの「伝えたい事」はそれぞれターゲットが異なります。

これが「誰に対して」の部分です。

いろんな人に伝えたい！　と、ファミリー戸建物件と投資物件を同じチャンネルに混在しないようにしてください。そんなことをすればGoogleにも視聴者にもコンセプトがブレブレのチャンネルとして認識され、検索にもかからず、いずれ淘汰されてしまいます。

どちらも扱いたければ、チャンネルを2つ作りそれぞれのコンセプトで走らせてください。

また、この「誰に対して」は年齢でカテゴライズさせることも有効です。「40代のための筋トレチャンネル」といった具合に、ライバルが多いキーワードほど特化させることで、レッドオーシャンでも選ばれやすくなります。

他にも、「性別」「興味関心」「趣味の傾向」などのカテゴリーを軸にしてターゲットを見定めましょう。

## ●「何を」

先の「誰が」で触れた「強み」を意識した自社サービスや商品を当てはめてください。

たとえば、車の販売業だとして、漠然と「車を紹介しよう」ではなく、スポーツカーを紹介するチャンネル、軽自動車を紹介するチャンネル、キャンピングカーを紹介するチャンネルでは、それぞれターゲットが変わってくるので、自社が得意な分野に特化してください。

ただし、チャンネルコンセプトは特化した方が良いのですが、行きすぎた特化は控えてください。「スポーツカーの○○という車種」まで特化すると、ネタも無くなりますし、ターゲットが狭すぎて視聴チャンスを逃す可能性があります。

チャンネルコンセプトは「程々の特化」にとどめておき、動画内容の一つ一つは思い切り特化して、視聴者の嗜好や傾向を探っていき、バズった動画をアップデートして何度も配信することでより特化してターゲットに選ばれるチャンネルになります。

## ●「どうしたい」

基本的には「ユーザーのお困りごとを解決する」というコンセプトになります。つまり「このチャンネル内の動画はあなたの◯◯に対する悩みや欲求を解決しますよ！」ということです。そして、動画だけでは解決しない事＝自社サービスや商品で補えますよ、という筋書きになります。

先の例の「40代のための筋トレ」がチャンネルコンセプトだとしたら、次のようになります。

・誰が↓40代の筋トレ知識があるトレーナー
・誰に対して↓40代以降でこれから筋トレをしたいと考えている男性に向けて
・何を↓40代と20代では筋トレの仕方が違うということ、なぜ違うのか、その原因と具体的なやり方
・どうしたい↓最短でお腹がポッコリしない筋肉がつくから、パーソナルトレーニングのレッスンを受けることをお勧めしたい

特に「どうしたい」の部分は、ベネフィットを意識してください。ベネフィットとは、相手のメリットのことです。うちのサービスや商品を購入すると、「あなた（視聴者）にとって◯◯というい事がありま」ということを強調してください。

以上のことを考慮してコンセプトを考えてみてください。

YouTubeの検索エンジンがあなたのチャンネルがどんなチャンネルであるかを理解する必要があります。そのためにはまずはコンセプトを明確にすることです。

たとえば、あなたの知人が、あなたのことを知らない人にあなたのことを紹介する時、名前や年齢などの属性だけではなく、特技や趣味などの特性が伝えられると、もしも趣味が同じだった場合、会った事もないあなたに親近感が湧く可能性が高まります。

YouTubeチャンネルのファン獲得とは、YouTubeにあなたのことを知ってもらい、あなたのことはまだ知らないけれど、あなたと共通の興味を持つ人にどんどん紹介してもらう、という事になります。

## 結果が出る動画制作テクニック

### タイトルは短く

YouTubeを始めた初期の段階で注意する点がいくつかあります。まず、タイトルは短くすることです。

たくさん文字を入れた方が検索にかかるのでは？　あれもこれも伝えたい！　となりがちですが、短く簡潔に文字を選んだ方がいいのです。

私の場合を例に挙げるのでしたら、「水道屋さんが教えるトイレの修理方法はこれだ」というよりも、「トイレ、水漏れ、原因、解決法」など単語の羅列の方が実は伝わりやすいのです。Googleが推奨しているのは、見ている人にどれだけ的確に必要な情報が素早く届けられるかということですから、ポイントを抑えればそれで検索には上がってくるわけです。

また、YouTubeの検索にひっかかるためにも、タイトルは短い方が良いのです。

今時YouTubeはスマホで見る事が主流です。そして、スマホにずらりと並ぶタイトル画像、それらをコンマ何秒のスピードでスワイプ（画面をスクロール）させていきます。

そんな素早い動作の中で、自分のチャンネルのタイトル画像に目を止めてもらおうと思ったら、長々したタイトルが書いてある画像より、インパクトのある写真や、短くて端的に理解しやすいタイトル。となるのも頷けるのではないでしょうか？

## サムネイルには文字も入れ込む

サムネイルとは、クリックして中身を確認しなくても、目で見たときにその内容が一瞬で分

**図4-5　サムネイルの例**

かるような、実際よりサイズを縮小して表示した画像のことです。YouTubeでは小さな画像が一覧でずらりと並ぶタイトル画像がありますが、それのことです。見る人はたくさんのサムネイル画像とタイトル情報から内容を察知して自分に必要なものを選ぶわけです。

なるべく多くの人にクリックしてもらうために興味を引く画像を選ぶ必要があります。

そこで1つコツがあります。それは、サムネイル用の専用画像を作り、その画像にタイトルを文字として入れておく事です。実は、動画をUPしただけでも動画の導入部分の静止画が自動的にサムネイルに充てられます。しかし、あまり知られていませんが、YouTubeのAIは、サムネイル画像に写り込んでいる文字も検索ワードとして認識しています。

**図4-6**

**好ましいサムネイル例**

・タイトルや内容を連想させる写真
・文字を大きく
・文字を目立つ色で
・文字量を少なく

**好ましくないサムネイル例**

・タイトルや内容に関係ない写真
・文字が小さい
・文字が目立たない
・文字が多すぎる
・「プロ」「専門家」の文言は不要

さらに、動画の中に表示されている文字も読み取っている可能性も示唆されています。だからといって、テロップなどに凝りすぎて動画制作が続かないようでは本末転倒ですので、動画内に文字を入れる行為は程々で良いと考えています。

サムネイル画像に関しては「ココナラ」などのサイトでクリエイターを探して依頼しても良いですし、タイトル文字を書いたボードを掲げた静止画でも十分です。

## 再生数が伸びるサムネイルとは

数ある動画の中から、検索ワードにヒットして見つけてもらえるためには「タイトル」が重要。そして、ずらりとサムネイルが並んだライバルの中から、いかに興味を持ってもらえるか、そしてクリックして視聴をしてくれるか。これはサムネイルで決まると言っても過言ではないかもしれません。

サムネイルには、必ず文字をいれてください。その文字は、動画で一番伝えたいことを明確に簡潔にして、視聴者が興味関心を持ちやすいキーワードをベースにしたキャッチな言葉を入れて、長すぎず2秒くらいで認識できる文字量、だいたい15文字前後になるように心がけてください。

また、同じジャンルで登録者数が1000~1万人くらいのチャンネルを参考にすることも良いかとおもいます。気をつけて頂きたいのは、最初から登録者数が何十万といるチャンネルを参考にしない事です。こういったチャンネルは、サムネイル以外にもさまざまな仕掛けを行い、固定ファンもついているため初心者のうちは参考になりにくいためです、まずは現実的な数字を持つチャンネルを参考に色々試していくことが大切です。

## Googleは概要欄も見ている

GoogleやYouTubeは常に「このチャンネルはどんなチャンネルなのか?」「この動画は何を伝えたいのか?」を分析しています。その手段の1つとして概要欄もチェックされていると思った方が良いと考えています。

チェックし、分析した結果、その内容に興味関心をもつターゲットに対して勝手に目に止まる位置にお勧めしてくれますので、ぜひ概要欄を充実させましょう。具体的には次のことに気を付けてください。

・概要欄に、この動画がどんな動画で、なにを伝えたい動画なのかを明確に書く（視聴者にも伝わるので一石二鳥です）
・概要欄に書く動画の内容は長くなってもいい（動画の内容を文字起こししてそのまま書くくらいまでするとGoogleに認識されやすいです）
・視聴者に次に起こしてほしいアクションの動線をつける（例）問い合わせ先を書く
・会社ＷＥＢサイトのＵＲＬを載せる
・他のＳＮＳに誘導する　など

## 動画はとにかく短く

特に初心者のうちにやりがちな事が、あれもこれも伝えたいばかりに長い動画にしてしまう事です。どんなに長くても10分までを目安にしてください。１動画で扱うのは1テーマのみ、派生してあれもこれも詰め込まないように気を付けてください。また、逆に１つの動画内で同じことを何度も伝えることは避けるように心がけてください。

考え方としては「60秒間で伝えるとしたら？」といった視点で組み立てると、伝えたい事が厳選されて本当に伝えたい本質だけが見えてくるかと思います。

## コメントや高評価をもらうようなアクション

コメントの数や評価の数もYouTube側からすると「世の中に求められている情報である」と認識されます。これは良い評価でも悪い評価でも、です、だからこそ炎上商法が成り立つのです。ビジネスYouTubeチャンネル場合、炎上を狙う必要はありませんが、コメントや評価を促すアクションも取り入れてみてください。

たとえば、商品の使い方の動画を配信したとします、動画最後に「他にもこんな使い方しています！　といったご意見ありましたらコメント欄によろしくお願い致します」といった具合に、視聴者がコメントを書きやすい質問を投げかけたり、「高評価、コメントお願いします」といったアナウンスを入れるなどです。もちろん、一番の理想は「コメント高評価をつけたくなるような内容にする」という事ですが、初めのうちはトライアンドエラーで色々試してみてください。

以上の点を考慮して動画制作をすると想定よりも早く結果が出てきますが、最初のうちは、この全ての技術を再現することにエネルギーを使うと、継続するモチベーションが保てなくなりますので、実践できることからで大丈夫です。

YouTubeはとにかく「スピード」と「数」が大切です。そのためにも早いスピードでPDCAを回す必要があります。そういった意味では、同じテーマで伝える角度を変えた動画を何本も作っても構いません。

一般的な動画のように、プロに任せてクオリティ高く予算をかける、といった概念は捨ててください。そして、今すぐお手持ちのスマートフォンで撮影してみてください、背景？　シナリオ？　そこにこだわるのは100本作ってからで大丈夫です。

## ★YouTubeがもたらした売上直結事例

私の仕事で言うと、現在のお客様の内の6〜7割の方は、何らかの形でYouTubeを見てくれた人になっています。

YouTubeを見て、リンク先の我が社のWEBサイトにいって、問い合わせてくる方がほとんどです。中には仕事の受発注を決めてから、その後でYouTubeを見て工事概要を確認してくださる方もいます。そういったことで6〜7割のお客様がYouTubeに絡んでいるといえるでしょう。

まさかYouTubeで本当に受注できるなんて最初は夢のような話でした。

これはおそらく、どのような業種でも同じだと思います。今は、文章で人に伝えるのが難しい時代になってきています。

最近のお客様は、YouTubeの動画を山ほど見て納得して商品を買ったり、サービスを受けたりする傾向が強いといえます。

同時に、自社のスタッフにも動画を見てもらうことで、複雑な工事の仕方を容易に理解してもらうこともできました。

商品を扱っている場合でも、その物がどういう物なのかが動画で説明されていれば、お客様だけでなくスタッフの理解度も上がります。スタッフに対しても動画研修みたいなものになるといった一石二鳥のものが動画です。

それ以外にも、私の場合フランチャイズの募集にも役立っています。

「全国に仲間を探しています」といった動画を投稿しておくだけで、問い合わせが1週間に1件ほど絶え間なく来ます。

このようにYouTube投稿は、今自分がしたいこと、目指していることなどを包み隠さずに言って表現する場にすることで夢はどんどん叶っていくのです。

# 第5章

# 集客できるWEBサイト、集客できないWEBサイトの7つの違い

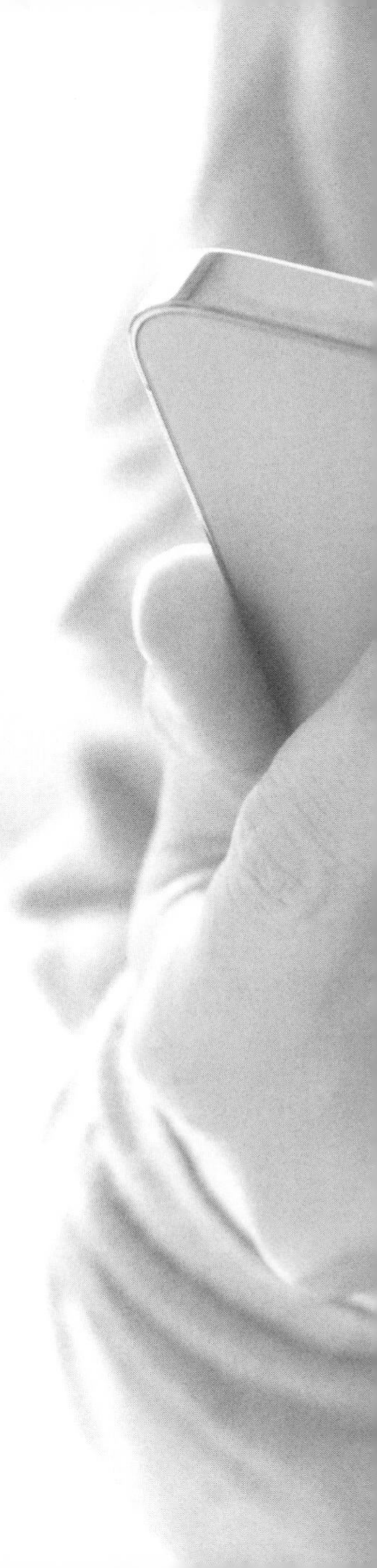

## ①人柄の出し方

### WEB集客はテレビショッピングと同じ

自分の欲しいものをあれこれWEBで探して、そこの会社に何かを頼もうと思っていても、無機質な文面や価格だけではわかりにくくて頼んでいいものか悩みます。

たとえば、テレビショッピングでは、商品の画像と説明だけでは伝わりにくいといった理由で、タレントさんや通販会社の人がセールスマンになって商品を紹介しています。その言葉や表情から親しみを覚え、共感して、安心して注文できるのです。

WEB集客は、まさにテレビの通販番組と同じだと思います。商品やサービスの無機質な写真と文面、価格だけ見せられても、お客様は「買いたい」と思いません。いくら価格が安くても「なんか怪しい」と思われがちです。そこでテレビの通販番組と同じようにWEBサイトにも人が登場すればどうでしょう。

とはいえ、人物は誰でも良いとは考えていません。私の場合はよくある写真商材は使わず、スタッフの写真と名前、ニックネームや簡単なプロフィールも載せています。私自身も大きく登場して、吹き出しセリフなんかもつけてアピールしています。そうすることで、商品やサービス、価格以外の部分での親しみやすさが生まれます。事前に人柄が分っているので、問い合わせの電話にしても、「あ！　WEBサイトに載ってた人！」と親近感が湧き、一足飛びに信頼関係が構築できます。

商談の場でも初対面の感覚が薄れるので、お客様も安心して話していただけます。

## 人柄の出し方のポイント

スタッフの写真に付けるプロフィールには、簡単な趣味や特技、出身地などを入れておくとお客様との話が弾みます。

これは、心理学を応用しているのですが、人は特に類似性の法則というものを持っており、自分との共通項を見つけると親近感が湧き、信頼関係構築の時間が短縮されます。誰しも「出身地が同じ」「母校が同じ」という共通点が見つかって盛り上がった経験があるのではないでしょうか。

プロフィールに趣味や特技、出身地を掲載するということは、それと同じ作用が働きます。

私の場合、「サッカーをやっていました」というだけで、その話題になることもあります。同じ出身地のお客様もその部分から話が弾みます。

お客様は、顔とプロフィールがあることで、初対面であるはずなのに、いつも営業にきてくれている人と勘違いしてしまいます。そこにニックネームも入れておくと、お客様の中には、「おっ、○○ちゃん」なんて呼んでくれる人もいます。

こんな簡単なことだけでも集客に繋がっていくものです。

## ②価格のわかりやすさ

### お客様は価格と○○○○○で選ぶ

WEB集客をするにあたって、売りたい商品やサービスの価格をどのように表示すべきか悩むところですし、どういった設定にするかは重要な問題です。

もし、WEB上に適切でない価格を表示してしまうと、お客様が他社に逃げてしまうことがあります。ですので「適切な価格」というものを今一度考える必要があります。もちろん原価や仕入れ値を基準にすることは重要なのですが、それ以外にも考慮して欲しい点があります。

お客様が価格を見る視点はさまざまです。

・値頃感を重要視する人
・安さを重要視する人
・人柄を重要視する人
・分かりやすさを重要視する人
・高級感を重要視する人

私は、必ずしも「価格」だけが決定打になるとは限らないと考えています。たとえば、車を購入する時に複数のディーラーを周り、見積もりを出して貰い、結局は「担当してくれた方の感じが良かったから」という理由で決めた、という経験がある方もいるのではないでしょうか？

大手に資本やブランド力で圧倒的な差をつけられている私たち中小企業が、WEB上で選ばれるためには「わかりやすさ」と「人柄」が有効な戦略であると考えています。

人柄は前述の通りですが「分かりやすさとは？」とは、言い換えれば「明瞭さ」とも言えるかもしれません。

よく、基本料金に加えてオプションや手数料や配送料など、「これを付けるといくらで、こうするとさらにいくら…」というように細かく価格設定されているWEBサイトを見ることがありませんか？「結局、いくらなんだよ」と思うようなオプションだらけの表記が多いようで少なくなってきました。インターネットで検索しているお客様は、「ズバリいくらで」を知りたいわけです。

複雑な値段設定は「迷ってください」といっているようなものです。お客様を迷わせるという行為は「どうぞ他を検討してください」といっているようなものです。

どのような商品やサービスであっても、お客様が払いやすい価格になっている必要があります。インターネットで検索して検討する人の中には、単純に価格だけで選ぶ人もいるからです。ただ安いだけでチェックし、まずそこを基準に、次は信頼できるかも考えます。大して価格が変わらない場合はWEBサイトを見て吟味します。そこで先ほどの、人が出ているといったことも検討の対象となるのです。

そこで明確な価格が表示されていることで注文が入りやすくなります。

## 価格はわかりやすくズバッと入れる

インターネットで検索しているお客様は、オプション価格の明細を知りたいのではなく「ズバリいくらで」を知りたいわけです。

価格を出している側もわからなくなるほどの複雑な値段設定は「迷ってください」といって

いるようなものです。それよりも、

「全てコミコミ○○円」

といったほうがわかりやすくインパクトがあります。せいぜい松竹梅レベルの簡単な料金体系に留めておく方が、即決する確率がグンと上がります。

携帯電話の料金体系が良い例になるのではないでしょうか？　3大キャリアと言われるそれぞれの会社が、複雑なオプション、よくわからない手数料、解約のタイミングが悪いと違約金が発生。それでも、多くの顧客を囲い込めたのは、単純にライバルが少なかったからです。

現在では選択肢が増え、他キャリアやSIM携帯に市場が移行しているのが現状です。他社の価格が安いことも理由ですが、料金体系がシンプルで明瞭であることも、大手の囲い込みから離脱が始まっている大きな理由と言えるでしょう。

私としては「全てコミコミ○○円」といった方が「これ以外の料金は一切頂きません」とお客様にとっては安心感があり即決して頂ける可能性が非常に高いことを実感しています。

ただ、離島であるとか、複雑な工事が必要などと、お客様の環境によってはコミコミ価格が適応できない場合があります。その時はヒヤリングして説明すればいいのです。まずは、「ズバッといくら」とわかりやすく大きく表示すべきです。

## ③社長の登場の有無

### 社長イコール会社の顔だと思え

ＷＥＢ集客ができている会社と、できていない会社のＷＥＢサイトをよく見るとある違いに気がつきます。サイト内に人が出ているかどうかの次に、その会社の社長の顔が出ているか出ていないかです。小さな会社の場合、「社長イコール会社の顔」だと思います。小さいのに社長がセールスさえしないということは致命的だといえます。社員ばかりが出て一切社長の顔が見えないＷＥＢサイトもあります。それどころか、デザインばかりにこだわっておしゃれな素材写真ばかりのサイトも多く見かけるようになりました。それでは、その会社がどういう会社なのかが見えにくくなります。やはり社長が出て本音で語りかける方が信頼度と安心感が上がります。

ＷＥＢではありませんが、かつてジャパネットたかたの高田明社長は世の中の誰もが知る人でした。何度も方言交じりのアクセントで語りかけるのを聞いて親しみがわいていったのです。その結果、今や超大手の通信販売会社となっています。このように社長の姿が会社の姿として現れることで集客に繋がっていきます。また、社長が出ていることでお客様から声を掛けられて、会社のいいことや悪いことをナマの声で聞くこともできるといった利点もあります。

## ④商品の情報の量

### 知りたい情報だけを表現する

WEB集客で成功している会社のサイトを研究すると、あることがわかります。それは、売りたい商品やサービスの情報の伝達の違いです。

集客で成功しているサイトは、お客様が知りたい情報が簡単にすぐにわかるように表現されています。一方、集客ができていないサイトは直接お客様に必要のない情報が目一杯入っているものです。

私の業界で例えますと、蛇口の工事についてのサイトを作ったとします。ありがちなのは、まずこの蛇口がどこのメーカーで口径が何ミリで材質がこれで、長さが何センチでと、キリがないほど細かくスペックを表記してしまうといったものです。工事内容もあらゆる想定をして何種類も書いていきます。もうここまでくると誰もその文章を読みません。一体どうしたいのかが全く伝わらないものになってしまっています。

では、集客で成功しているサイトはどうかというと、この蛇口は、台所用です、浴室用です、などと用途だけ伝えます。次にメーカーと価格を書きます。ここまでは普通です。一番大切なのはここからで、「在庫はすぐにあるのか」「何日で商品が届くのか」「工事はどれくらいの時間を要するのか」「どんな人が工事にくるのか」を伝えることです。お客様が何を知りたいのかを事前に想定して、これらを表記しておくと質問も少なくなりますし、安心してオーダーできるからです。

商品にもよりますが、「何を」「いつ」「いくらで」「誰が」など的確な疑問を洗い出してそこだけに徹した情報の量が好ましいと思います。

その他のマニアックな情報は、問い合わせがあった時点でお答えすれば十分事足ります。

集客ツールとしてWEBサイトを使いたいのなら、「もしも自分が購入者の立場だったら、最低限どんな情報が欲しい?」と考え、シンプルな情報に留めておくべきです。

## ⑤商品カテゴリーの多さ

### 商品を特化したサイトを作る

ＷＥＢサイトで初心者がやりがちなことは、商品カテゴリーが多すぎることです。ＷＥＢ検索では、お客様はピンポイントの検索ワードで調べていることを考慮した作りにした方が集客には効果的です。

ご自身がＷＥＢで調べ物をする時を想像してみてください。たとえば飲食店を調べる場合。漠然と調べるのではなく、目的で検索するかと思います。

「飲食店」と調べるより「個室　接待　地域名」や「焼き鳥　地域名」などで調べませんか？

私の業界で例えると「住宅設備リフォーム」ではなく「給湯器　工事　地域名」や「トイレリフォーム　地域名」「トイレ　修理　地域名」と調べる方が殆どです。

要は専門性が必要ということです。

仮に「給湯器　工事　リフォーム」と検索して、サイトに訪問して頂いたとして、トイレ・風呂・浴室・洗面台、はたまたありとあらゆる蛇口の種類が掲載されていたとしたら、カテゴリーが多すぎて、サイト内でまた「検索」を行わなければなりません。

ＷＥＢで集客を目指すなら、訪問者の行動工数を増やしてはいけません。一工数増えるごとに30％が離脱すると思ってください。

ＷＥＢで集客を目指すのであれば、カテゴリーを特化してください。

「それでも、うちは色々サービスがあるのにどうすれば…」と思われたかもしれませんが簡単です。それぞれのＷＥＢサイトを作ればいいだけです。

これがモールであれば、あれもこれもが載っていることで見にくる人は増えるでしょうが、それで顧客が獲得できるかは疑問です。なぜなら、モールはライバルと比較され価格競争に突入するからです。逆に「うちは希少価値がある商品だからライバルがいない」というのでしたら、なおさら自社サイトを立ち上げた方が効果的です。

ＷＥＢで集客を目指すのであれば、カテゴリーを何かに絞って特化する方が効果を実感しやすいです。

## ⑥WEBの綺麗さと伝わるは違う

### お客様に届くことが大切

繰り返しになりますが、綺麗なWEBサイトだからといってそれだけでは集客には繋がらないということです。綺麗なWEBサイトは企業理念や商品イメージ、いわゆるブランディングを行うには有効ですが、集客や見込み客を顧客にステップアップする効果には直結しません。

電車の中の中吊り広告を思い浮かべてください。そこに週刊誌の広告があったとします。「週間○○、○月○日発売」とだけ書いてあって綺麗な写真が載っていたとします。それでは写真から読み取れるイメージはぼんやりとしか伝わりません。「あっ、これは旅関係の記事なんだな」とか「ファッション関係か？」などと見た方は勝手に判断します。

でも実際の中吊り広告を見てください。これでもかと言わんばかりに煽り言葉のキャッチコピーとセンセーショナルな写真が並んでいます。デザイン的にとても綺麗とはいえません。ところが文字の大きさや派手な色から何が書かれているかが伝わってきて読みたくなるのです。

本来、集客のデザインとはこういったものでしょう。お客様が欲しい情報が真正面から表現されているWEBサイトがあれば綺麗かそうでないかは関係ないのです。

綺麗にしてはいけない、汚くしなさい、という意味ではありません。

綺麗なサイトはデザイン料が余計にかかります、効果に直結しないのにそこに予算をかける価値があるのか？　それは自己満足ではありませんか？　ということをお伝えしたいのです。

しかも、集客に直結する「お客様が欲しい情報が真正面から表現されているＷＥＢサイト」を作ろうとすると、自ずとデザイン性は二の次三の次になるため、綺麗なサイトからは遠ざかります。

## ⑦YouTube連動型

ＷＥＢサイトが営業の武器であるとしたら、そこにリンクさせたYouTube動画はまさに主砲と言えます。

今は、文章を事細かく読むよりも、動画でだれかの言葉で説明された方がどれだけわかりやすいか、ということです。さらに文章では伝えにくい部分も伝えることが可能になってきます。

動画をＷＥＢサイト内に組み込むということだけ、お客様の理解度や満足感、信頼感、安心感が上がります。

**図5-1　YouTube連動型サイトの例**

先述したようにWEBサイトの検索からご依頼いただいたお客様のお宅に訪問すると「YouTubeの人だ！」と、一気に距離が縮まり仕事もしやすくなりますし、成約率も上がります。

また、近年では、動画もGoogle検索キーワードと連動して上位に表示されるようになりました。

Googleはユーザーのことを第一に考えて、そのアルゴリズムをアップデートさせているので、動画が検索対象になり、さらには上位に表示されるようになるということは、ユーザーの動画へのニーズがいかに高いかを物語っているのではないでしょうか。

このような理由からも、WEBサイト内に動画を埋め込むと言うことは、推奨レベルではなく必須レベルと言えるかと思います。

## ★弱者の戦略で集客できる500サイト構築

集客できるWEBサイトとは、「人が出る」「価格をわかりやすくする」「社長が広告塔になる」「商品を絞る」「商品カテゴリーを増やす」「デザインよりも伝わるWEBサイトにする」「動画を連動させる」が揃っているサイトです。これは大手の企業ではできないことばかりだと思います。

これらが弱者の戦略ですが、具体的な方法を説明します。私がなぜ500もサイトを作ったかというと、それこそがまさに小さな会社の戦略でした。

たとえば、「レンジフード」の販売やリフォームを売りたいと思ったらどうするか。サイトに「レンジフード」とだけしてアップしてもなかなか検索の上の方には上がってきません。ところが、「レンジフード　名古屋市」「レンジフード　豊田市」「レンジフード　豊明市」「レンジフード　大阪」と小刻みな地域ごとのサイトを次々に作っていきます。そうするとそれぞれのサイトが検索で1番になってくるのです。しかもそれぞれのサイトはリンクさせない単独の形を取ります。リンクさせるとGoogleのＡＩに複製と判断されてマイナス要素となるからです。

この方法は、地域で1番になることを目指す「ランチェスター戦略」と同じで、私はそれのデジタル版だと考えています。どのような商売でも地域で1番になることが小さな会社の戦略です。しかもそれがＷＥＢサイトを作るだけですから予算もあまりかかりません。はっきり言って、「名古屋市」も「豊田市」も同じ地域です。同じショップから出張するのにサイトはそれぞれが別のようになっています。極端な話、もっと小さな地域に分けてもいいかもしれません。「名古屋市　南区」「名古屋市　瑞穂区」と分けてもいいと思います。

# 第6章

# 全ての基盤となるコンセプトの鉄則

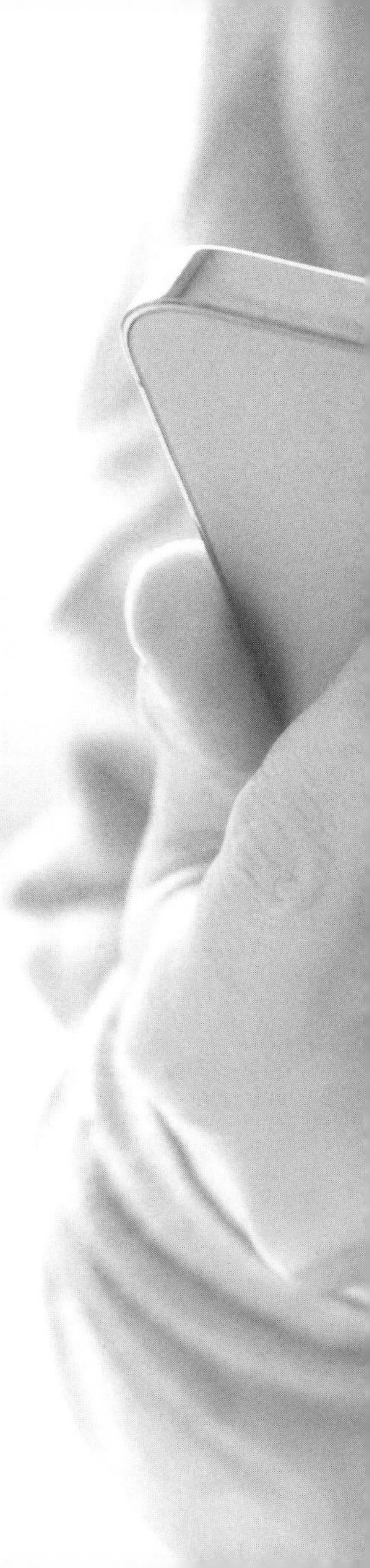

## 人を前面に押し出すことで不安感をなくす

### 人の言葉だから伝わる

ＷＥＢサイトは今やテレビの番組のようなものです。あなたが売りたい商品やサービスを紹介する時に、無機質にそのスペックや内容を書いただけでは伝わり方が足りないことはここまでの話でお分かりいただけたと思います。

では、どうするのがベストかというと、「だれか当事者の言葉」で伝えることにつきます。

たとえば、テレビの番組で美味しいラーメンを紹介する場合、映像で雰囲気は伝わりますが、どのように美味しいのかが伝わりません。そこで人気タレントさんやアナウンサーが視聴者の代わりに食べて、どのように美味しいのかを伝えます。このように人の言葉で聞くとそこに共感して「美味しいんだ」ということがストレートに伝わります。

ＷＥＢサイトで商品やサービスを売る時もまさにこれと同じです。だれかの言葉でわかりやすく説明を受けることで不安感が和らぎます。誰が言ったか分からない言葉で「良い商品です」と説明されても見込み客の心に届きません。発言者が誰で、どの立場の人なのかわからないと安心できないものなのです。それが信用される人物の言葉であればなおさらです。

社長が会社のことを語り、スタッフがサービスのことを語り、顧客が感想を語る、それぞれの当事者がそれぞれの立場で語ることが、何よりの説得力になり、信頼感に繋がると考えています。

社長が商品使用感の感想を語っても「自分の商品だから誇張して伝えているんじゃないの?」となり、スタッフが経営や会社理念を語っても「社長に言わされているんじゃないの?」となる事は、想像がつくのではないでしょうか。

## お客様も自分たちもわかりやすい価格設定

### ポッキリ価格を押し出す

前章でも触れましたが、売りたい商品やサービスをWEBサイトに載せる時には、わかりやすい価格にする、という鉄則があります。基本価格はこれで、この場合はこのオプションで、それ以外はこのオプションで、またこの場合は基本価格もこれになって…と多くの価格設定を載せたくなりますが、選択肢が増えるとお客様は迷ってしまい、考える負担が増えます。面倒臭いと、どんどん次のサイトに逃げられてしまうためこれでは集客できません。

一説によると、工数が1つ増えるごとに見込み客は30％離脱する、とも言われています。経験がある方もいるかとおもいますが、ネット上での会員登録や問い合わせ、アンケートなどのフォームを入力する際、名前・メール・電話・住所・会社名・部署名・会社の住所・メール・電話・繋がりやすい時間…と、やたら質問の多いフォームを見たことがあるかと思います。サービスの提供側はたくさんの情報を知ることで、自社のマーケティングの質を高めたいと考えますが、それは顧客のことを考えていない自社都合のエゴであり、質問を増やせば増やすほどに見込み客は離脱していきます。

おそらく、ほとんどのフォームは、名前・電話・メールアドレス＋α質問、くらいで事足りるはずです。追加で必要な情報は、見込み客から顧客にステップアップし、興味の段階が次のステージに移行してからでも遅くない場合がほとんどだと思います。

価格設定も同じように、わかりやすく、「ポッキリ1000円」「全てコミコミ○○○円」といった価格が目に飛び込み「心理的なめんどくささ」を排除することで、そのサイトを見ようと思うのがお客様の心理です。

集客用のサイトでは商品を絞って、たとえば「洗面所の蛇口修理は○○円です」とお値打ち価格を提示すべきです。その先に、どうしてもオプションなどをつけたい場合は要相談としておけば問題はありません。

先程のフォームの事例と同じで、見込み客から顧客にステップアップした段階であれば、心理的な距離が縮まった状態になっているので、その時に次の情報、たとえばその顧客に必要であろうオプションなどの案内をすれば良いのです。

## 商品の情報にこだわりすぎず、誰が売っているかにフォーカスする

### 自分が自信を持って売る

基本的な考え方として、売りたい商品というのは自分が自信を持っておすすめする商品でなくてはなりません。自分が本当にいいと思っている商品やサービスだから説明に説得力が生まれます。ＷＥＢサイトに動画を貼り付ける時に、その動画の中で社長や担当スタッフ自身が登場して「何がいいのか」「今回なぜこれを売りたいのか」などと、商材のいいところを自分の言葉で伝えることをいつも基本に考えるべきです。

たとえば、大手メーカーの製品を仕入れて売る場合、その商品がどういうものなのかを、メーカーのパンフレットに書いてあるそのままに説明するという場合があります。これだとなかなかお客様に伝わりにくいのです。

自社のサービスや商品の1番のファンは私です！　と言えるくらいの熱量が、結局は一番顧客に伝わります。

ＷＥＢ上でも同じ現象が起きます。性能や機能が並べられたページだとしたら、見込み客からすると、どの業者でも一緒ですし、最終的に価格だけで決定されてしまうかもしれません。提供している商品やサービスに自信があり、それが顧客にとってどんなメリットが生みだせるかを語り、そして誰が提供しているサービスなのかが明瞭なページは、ＷＥＢサイトを見ている人にとって安心感を生みます。

こんな経験はありませんか？　車を購入するために色んなディーラーを回った。家を購入するために色んな展示場を回った。欲しい車やハウスメーカーは決まっていても、どこで買うかは「あそこの営業マンが感じ良かったから」が、決定打になることって、少なくないのではないでしょうか？

顧客が商品やサービスを購入する時、価格と価値を見るわけですが「価値」の中には商品やサービスの質だけではなく「誰が提供しているか」という部分も「価値」として見られているのです。

## WEB上で、すでにお友達（顔見知り）になるサイト作り

### 語りかけるサイトを作る

これまで、WEBサイトに貼り付けた動画において、スタッフや社長がナマの姿で登場することは必須であると述べてきました。お客様は、その動画を見て、安心して、やがて心を動かされて商品を購入します。

マーケティングで応用されるものに「ザイオンス効果」というものがあります、単純接触頻度とも呼ばれるものです。特定の人物や物事に何度も繰り返し接触することで、好感度や評価が高まっていくという心理的傾向を表す言葉です。

たとえば、あなたの会社にメールだけの営業マンと、まめに訪問をする営業マンがいたとして、どちらも同じサービス・価格・価値であった場合、心理的に接触頻度の多い後者の営業マンからサービスを受けたくなる、といった心理のことを指します。

また、これはWEB上にも活用できます。分かりやすい例でお伝えしますと、SNSでよく見かける人に会ったこともないのに親近感がわいたり、初めて会ったはずなのに、SNSで顔を見かけていると初めての感じがしない、といった経験、あるのではないでしょうか？

ＷＥＢサイトで顔写真を掲載したり、実在するスタッフが登場し商品やサービスの説明動画やＳＮＳを掲載することで単純接触頻度が上がることと同じ効果が得られます。つまり、ＷＥＢ上で接するだけで実際には会ったこともないのに、なぜか親近感が湧き、信頼感が増すのです。

## 駆け引きなしの全てを公開する

### お客様は多くのＷＥＢサイトを見比べている

ＷＥＢで商品やサービスを探しているお客様は、リアル店舗のショッピングと違い、多くの時間をかけずとも多くの商品を見比べる事ができます。同業他社のサイトと自社のサイトは常に比べられていると考えたほうがいいでしょう。商品の良さや信頼性はもちろんのことですが、一番気を引くのが価格設定だと思います。

ＷＥＢセールスは比較がされやすいため、価格競争になりがちで、ほんの数円の差で他社が選ばれてしまうことも少なくありません。

だからといって、単純に安くすれば良い、という事をお伝えしたいのではありません。

価格競争に巻き込まれたくないが故に、無意味に高額な価格設定を行ったり、目先の売上が欲しくてとにかく他社より安い設定にする、といったように、商品やサービスの本来の価値とは関係ない部分のみで価格の設定を行うのではなく　駆け引きなしの価格とサービス内容を明確に表記することこそが信頼に繋がり、やがて口コミやリピートへと広がっていく、ということをお伝えしたいです。

## リアルとＷＥＢに相違を作らない

### 相違は信頼喪失となる

ＷＥＢサイトを見て注文すると、「この商品やサービスはこのようなもので、価格はこれですよ」と堂々と書かれているにもかかわらず、実際に問い合わせをしてみると、諸条件が異なって、気がつくと商品も価格も高くなっているといったことがあると思います。

あるいは「００００円～」といった曖昧な表記を行い、正式に見積もりを取る段階になって、まるで後出しのように「実は、これが必要です」「またこの装置をつけるためには、この部品が必要です」など、オプションに次ぐオプションで当初の予算より大幅にオーバーしていた、といった経験もあるかと思います。

このようにリアルとＷＥＢに相違があると信頼を失い、顧客獲得に失敗するだけでなく、口コミで悪い評判も広まります。ちょっとくらいは条件変更もありだろうと考えがちですが、ここはきっちりと相違のない運営が必要でしょう。

昨今は、顧客も慣れてきているので、ネットの価格と実際の価格は相違があるもの、といった前提でいることも多いです。しかし、それに甘んじて曖昧な価格設定や、分かりにくい表記をするより、いかに相違を作らないか。といった視点で設定を行う方が、信頼獲得につながり、ひいてはリピーターとして長いお付き合いが可能になります。

## デジタルで完結させない

### 顔の見える営業をする

ＷＥＢサイトでメールの問い合わせが来て、メールで数度のやり取りをしただけで商品やサービスを売りっぱなしというのは、事業としてもったいないことをしていることになります。

入り口はWEBサイトでいいのですが、その後のやり取りやメンテナンスはできるだけ顔の見える動きをすることが望ましいです。

デジタル化が進み、働き方も多様化した現在、直接訪問が難しいとしても、LINEの登録をしてもらうとか、ブログを見てもらうなどSNSで繋がることでも、先に述べた「ザイオンス効果（単純接触頻度）」は有効です。

そうして、接触の頻度を増やすことで次回のビジネスチャンスへと繋がることが多いのです。見込み客へ対してもそうですが、顧客となった方へ対しても、何らかの手段で繋がっておき、接触をするようにすることで、次の依頼に繋がったり、紹介に繋がったりします。

## ★顔と価格はハッキリ見せる

顧客は「困りごと」があり、それに対して「安心」が欲しくてサービスを購入します。私は安心感を与えることが受注につながると考えています。

そのためには、

・社長の顔が見えた方がいい
・スタッフの顔も見えた方がいい

と、考えています。

当初、弊社には顔を出すことに抵抗があるスタッフもいました。しかし、いざ客先に行くと「あ！　WEBサイトに載っていた○○さん」「動画に出てた△△さん！」と、気軽に話しかけられました。

その経験により、たくさんの時間を要することなく信頼関係を築けた事を体感し徐々に抵抗が薄れ、WEBサイトやSNSに顔を出すことが、いつのまにか当たり前になっていきました。

さらに、価格も「コミコミ○円」と単純明瞭な価格設定にしたことにより、顧客に分かりやすくなったことも大きな成果ですが、実は、自社スタッフにとっても大きなメリットになりました。

と言いますのも、うちは工事業なので職人が営業を兼任するような場面も多くあります。百戦錬磨の営業マンであれば、その場の状況や、顧客の購買意欲を感じ取り、肌感で価格を設定する。といった事は可能かもしれませんが、職人ではそうもいきません。

たとえば住宅リフォーム業界で言うと、WEBサイト上で、お風呂の給湯器がどこよりも安い表記になっていても、実際にはリモコンが必須であり、正式な見積もり段階でリモコンの価格が上乗せされる、といった事例も珍しくありません。

これでは、後だしジャンケンのようで職人もお客様に価格を言いにくくなります。単純明瞭なコミコミ価格にすることで、営業のプロじゃない職人でも、自信を持って「○○円です！」と言えるようになりました。

また、見積もりも持ち帰る必要なく、現地で即答でき仕事がスピーディーに完結する仕組みとなり、自社スタッフへ対しても、お客様に対しても「安心」という価値を提供できるようになりました。

# 第7章

# ITツールの掛け合わせ事例

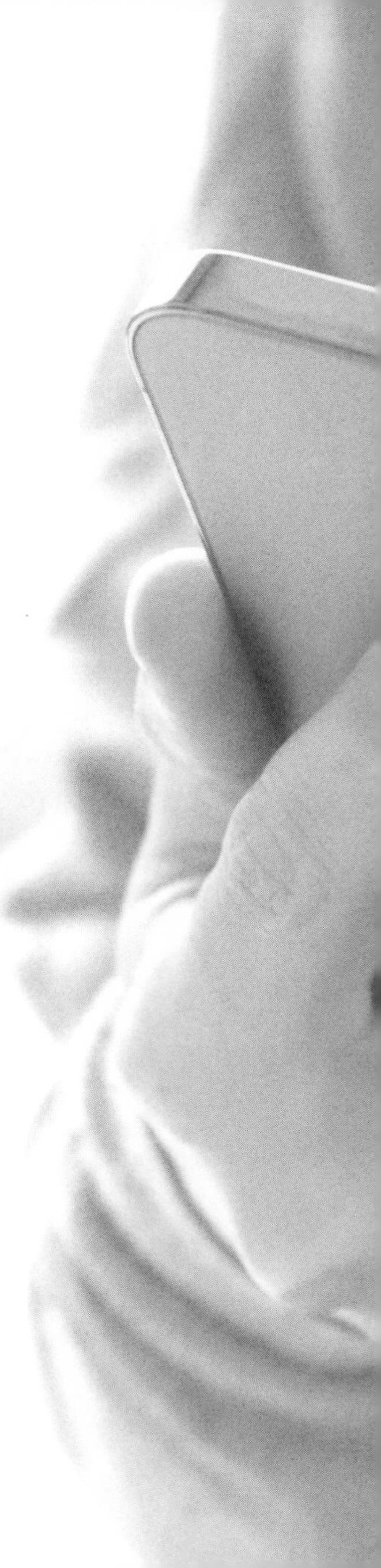

## ＷＥＢサイトとYouTubeの組み合わせ

### ＷＥＢサイトで動画を見せる

ＷＥＢサイトに商品やサービスの概要と価格を載せるのはもちろんですが、ここにYouTubeの動画を載せる方法があります。そのようなＷＥＢサイトは沢山あると思われがちですが、実はそんなに多くはありません。なぜなら、動画を掲載するとＷＥＢサイトが強くなる要素が加わり、検索順位が上がる効果もあるため、皆さんの目に付きやすい検索上位のページには動画が載っているページが表示されやすいのです。そのため、一見動画が載っているページが多いように見えますが、検索の２ページ目くらいまでになると、動画が掲載されているページはいきなり減ってきます。

では、なぜ効果があるのに動画を載せないページの方が今でも多いのか？

動画をリンクさせること自体は難しいことでもなんでもありませんが、動画を撮影したりする手間がかかり、動画の撮影に関して、機材を揃え、シナリオを起こし、動画を撮影し、編集を行い、サムネイルを作成し、YouTubeにアップロードを行う、と、手間がかかりなかなか手が出せない部分だと思われているからです。

とはいえ、実は、動画は皆さんが考えているほど手間も難しさもありません。本来は、とても簡単な事ですが、慣れない事ゆえに難しく考えてしまっていて、手が出せない、という表現の方が正しいのかもしれません。

本書ではなぜ動画が難しくないと言えるのか、を語るにはページ数が少ないため割愛させていただきますが、私のセミナーを聞いた方は「とても簡単」という事を理解して頂けています。

WEBサイトの話に戻りますが、商品の説明も、動画の中で実際に見せながらする方が、文章を長々と書くよりもお客様に伝わります。

私の場合は、まず「トイレの水漏れどうしよう」とか「台所の排水詰まり編」など、ありがちなトラブルについて、実例映像で修理実績を紹介しています。同時に、お客様の声も動画で撮影させていただいて載せています。現場のお客様と修理担当者のナマ映像が見られることから信頼感と安心感が何倍にも増すのです。

## YouTubeからテキスト編集でSEOとコンテンツ増を可能にする

私は動画を「資産」と考えています。

広告収益コンテンツとしての資産という意味ではありません、集客コンテンツとして使い回しが効く、という意味での資産です。

私の場合、動画を完成させると次のように展開させます。

・YouTubeに公開する
・WEBサイトに掲載する
・動画の内容をテキスト化してブログとして掲載する
・YouTubeを切り抜いてショート動画として公開する
・ブログの内容をSNSに転載する

これが、私が動画を「資産」と呼ぶ所以です。

動画をWEBサイトに掲載して、さらに動画をブログ化してWEBサイトに載せる必要があるのか？　の理由としては、WEBサイトの検索順位を上げる対策の1つとして「SEO」と呼ばれる対策があります。このSEOの代表的な対策として、次のものがあります。

・WEBサイトが頻繁に更新をされているか
・WEBサイト内にユーザーが興味関心があるキーワードが多く含まれているか
・情報量が多いか

などがあります。これらを解決する手段が「ブログ」なのです。

しかし、動画を作って・ブログを書いて・SNSを投稿して…など、バラバラに施策をしていては私たちのような限られたスタッフで運営を行っている小さな会社では、タスクが増えすぎて疲弊してしまいます。

そこで私が皆さんにご提案したい事が、この「資産」を有効活用するという言う事です。

しかも、必ずしも動画が資産とは限りません。

「え!? さっき動画が資産って言っていたじゃないですか!!」

と思われたかもしれません。

しかし、私たちのような限られた人員・限られた予算の会社においては効率化をさせて工数を減らすことも考えていかなくてはなりません。

そのために「得意な分野を資産とする」という考え方をご提案したいと思います。

どういうことかと言いますと、人の持つコミュニケーション能力を最大限に活かした資産形成をお奨めしたいのです。

人のコミュニケーションは　読む、書く、聞く、話す　の４つから成り立っています。そして、４つのコミュニケーションは全ての人が平等に使いこなせる能力ではなく、得意不得意の個人差があります。


あなたの会社のスタッフの中にも、人に説明するときに話すより書いた方がわかりやすく伝えられる、指示を貰うとき文章で説明されるより言葉で話してもらった方が理解しやすい、といった個性が見られるハズです。

スタッフに「話す」事が得意な人材がいれば、テーマさえ与えればシナリオがなくてもしゃべって、簡単に動画が出来上がるでしょう。

スタッフに「書く」事が得意な人材がいれば、その人にブログを書いてもらい、そのブログを台本として動画を作成する事が可能になるでしょう。

スタッフに「聞く」事が得意な人材がいれば、お客様の声を上手に拾うことが可能になるでしょう。

あなたの会社の資産が1つでも出来たら、あとは外注したとしても、そんなに予算は必要ないでしょう。

私の場合は、YouTubeからテキスト化する作業は外注しています。YouTubeさえ上げてしまえば、外注先が勝手に動画を見つけて、勝手にテキスト化してもらう事で、資産を自動的に活かす仕組みを作っています。

現在は、こういった細かい作業を請け負ってくれる個人事業主や副業者がたくさんいますので、活用しない手はありません。

## インスタ、FB、LINEとの組み合わせ事例

資産を横展開していくにあたり、重要な役割になってきたツールが各種SNSツールです。各SNSツールには特性や属性があります。次はほんの一例となりますが、

・Facebook「人物」のブランディングに向いていると言えます

## TikTokの年齢別ユーザー数 男女別（国内）

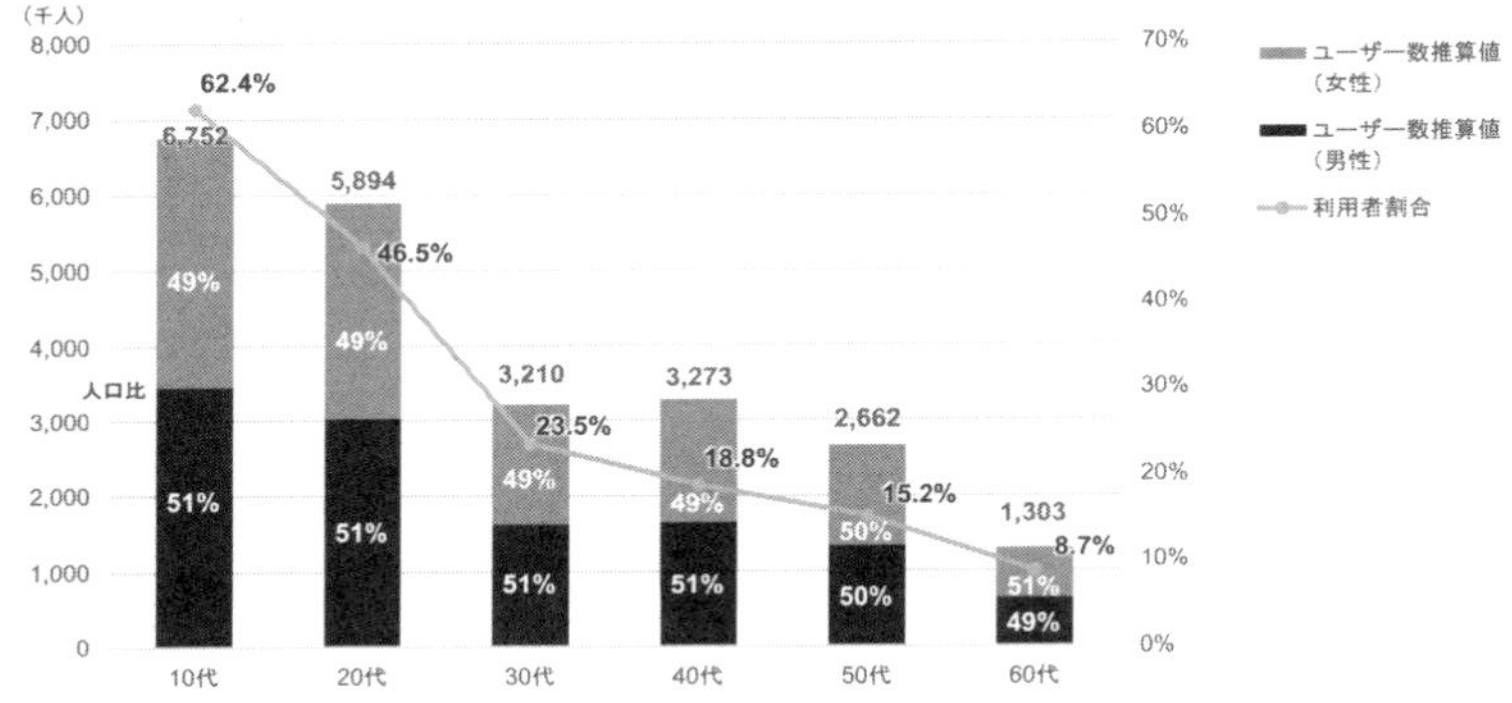


▼下記データより推算
総務省統計局「人口推計：2023年（令和5年）3月報」https://www.stat.go.jp/data/jinsui/pdf/202303.pdf
総務省情報通信政策研究所「令和３年度情報通信メディアの利用時間と情報行動に関する調査」https://www.soumu.go.jp/main_content/000831289.pdf



## YouTubeの年齢別ユーザー数 男女別（国内）

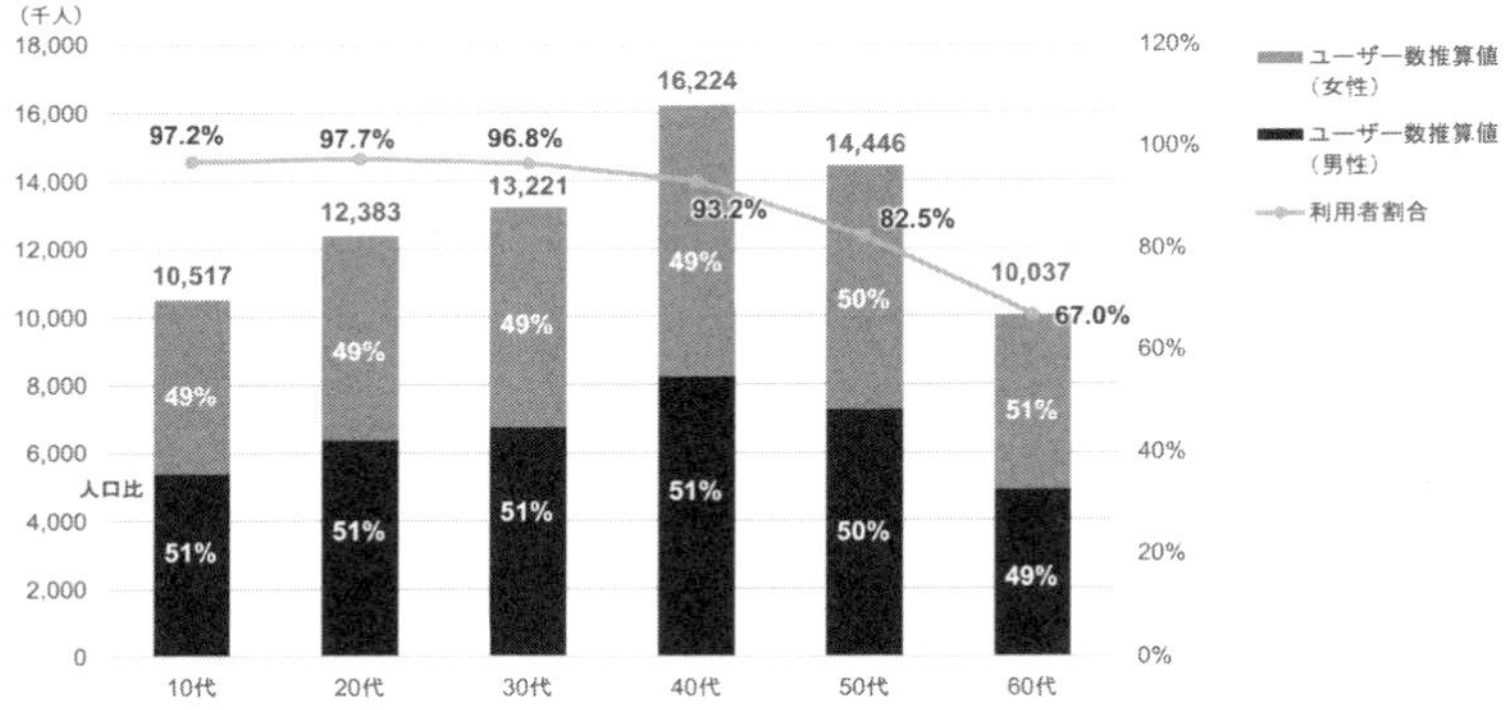


▼下記データより推算
総務省統計局「人口推計：2023年（令和5年）3月報」https://www.stat.go.jp/data/jinsui/pdf/202303.pdf
総務省情報通信政策研究所「令和３年度情報通信メディアの利用時間と情報行動に関する調査」https://www.soumu.go.jp/main_content/000831289.pdf

## 図7-1　Facebook・Instagram・TikTok・YouTubeの利用者属性

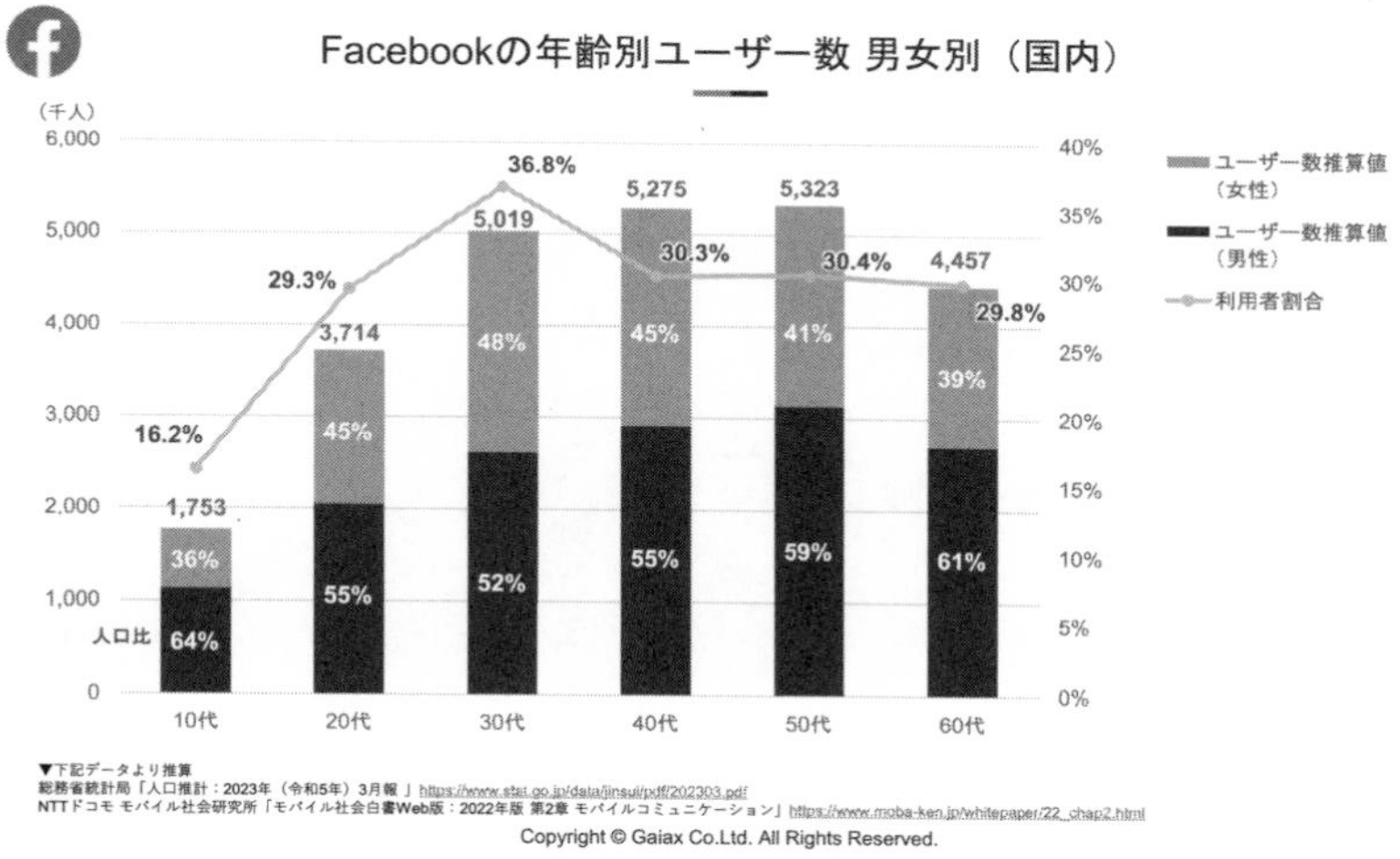


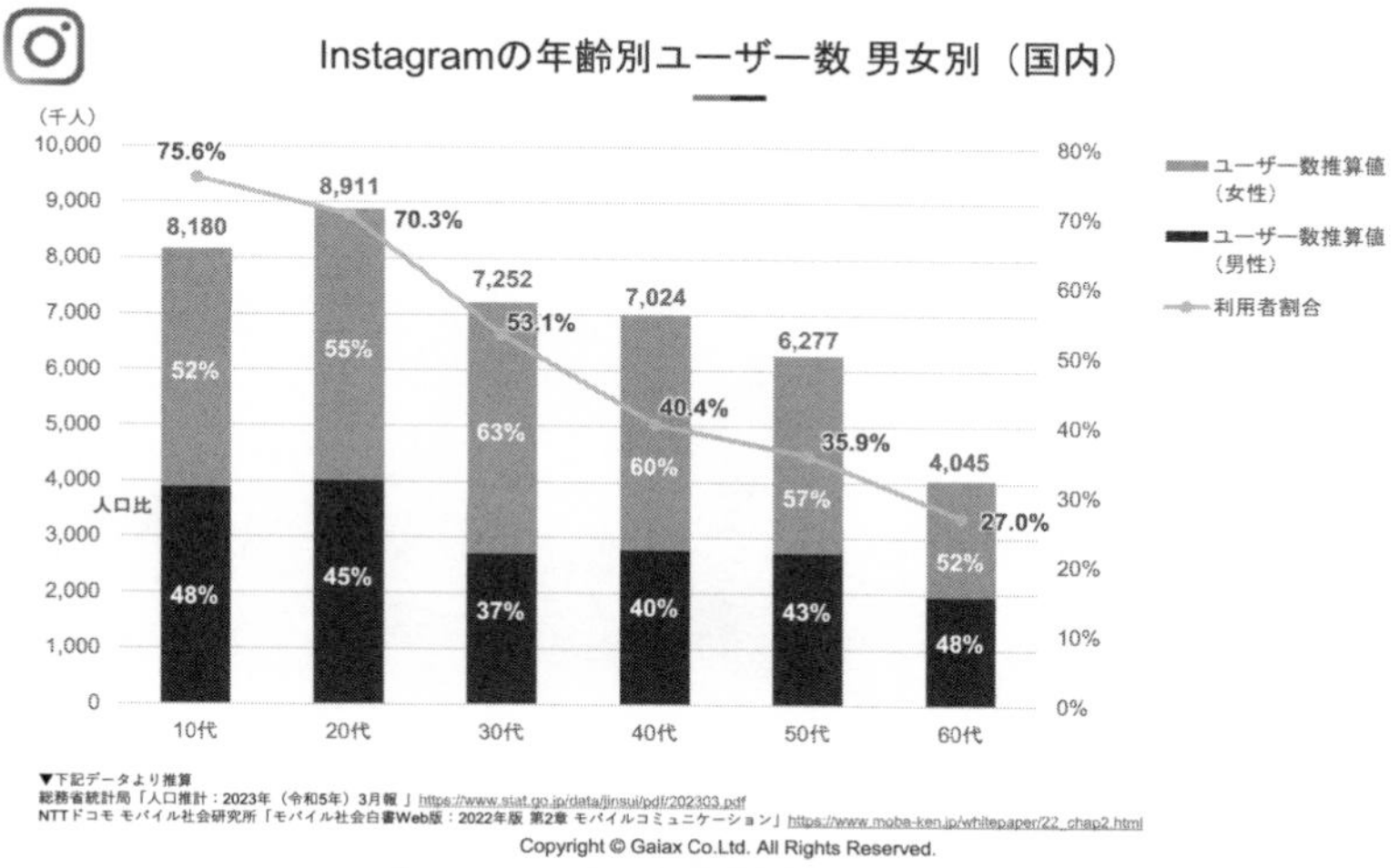


https://gaiax-socialmedialab.jp/post-30833/　作成元：株式会社ガイアックス

・Instagramは人物のイメージ戦略とサービスの認知向上に向いていると言えます
・LINEはユーザーと繋がりながら、見込み客から顧客へのステップアップ、顧客からリピーターへのステップアップの手段に向いていると言えます
・TikTokは企業で使うなら会社のイメージ戦略として、採用に向いていると言えます

そして、近年は「TikTok」「Instagramや Facebookリール」や「LINE VOOM」と呼ばれる、ショート動画が集客の鍵となってきています。

さらには「属性」も大切です。各SNSには年齢層の分布に偏りがあります。

自社のサービスや商品に対して、ターゲット設定を行い、どのSNSでどのように発信していくか特性と属性を踏まえて発信していく必要があります。

また、サービスや商品の価格帯でも、どのSNSを活用するかが決まってきます。

私たち、総合リフォーム業は商材に対する単価が高く、ターゲットと関わっていく時間が長いため、YouTubeのように信頼や信用を結ぶことに向いているツールを入口としています。

近年は、ショート動画を視聴する傾向が強くなってきたため、TikTokで興味関心を持ってもらい、YouTubeに流し、WEBサイトに訪問してもらう。という動線も作っています。

たとえば、美容院となると、総合リフォーム業とは価格帯やサービスの内容、ターゲットの

属性が変わってくるため戦略が変わってきます。

技術や人柄が直球でわかりやすいショート動画やInstagramからの流入が向いていると言えるでしょう。

想像してみてください。あなたが家を購入する、となったとき、一世一代の高額商品をショート動画を数本見ただけで契約を決める事が出来るでしょうか？

おそらく、キッカケがショート動画だったとしても、その後、ＷＥＢサイトを見て、メールなどで問い合わせを行い、来店をして、何度も説明を受けた上で契約に至るのではないでしょうか？

これが、仮に失敗したとしても別の機会にやり直しのきく「外食」というサービスを求めているとしたら、ショート動画やＳＮＳの投稿写真から「今夜のディナーはここにしよう」といきなり購入を決定するのではないでしょうか？

ちなみに、コロナ禍に業界全体で商材の仕入れがストップした時期があったのですが、その様子を伝えたいとテレビ取材が入りました、これもテレビ局が、弊社のYouTubeが目に止まって依頼が入ったという経緯です。

テレビクルーになぜ弊社を選んだのか聞いてみると、「YouTubeを見て、人当たりが良さそうなので、取材を申し込みやすいと感じた。」と言われました。

このように、ＳＮＳはその属性を活かして組み合わせて使う事で、幅広い年代に向けての発信が可能になります。

## デジタルとアナログの掛け合わせ集客事例

ここまで、デジタルの事を多く語ってきましたが、アナログのメリットも今でも顕在で、あえてデジタルで自動化を行わずにアナログにすることで、成約率が上がることもあります。

弊社で取り組んだアナログは「アンケートハガキ」です。

アンケートと言いますと、ご協力いただいた方への特典など付けたくなる物ですが、あえて付けませんでした。工事が終わったら「何の特典もありませんけど、お願いします」とアンケートハガキをお渡ししていました。それでも2件に1件はハガキがやってきます。

これも「資産」です。

送られてきたアンケートハガキはスキャンして、ＷＥＢサイトに載せました。これは「口コミ」に相当するので見込み客との信頼関係につながります。

また、アンケートを書いた本人も気になるので、ＷＥＢサイトに訪れる事で、アクセス数が上がります。

そして、スキャンした画像を担当のスタッフに送る事で、スタッフのモチベーションがＵＰします。

アンケートや口コミは、フォームのＵＲＬを送って「アンケートお願いします」というデジタルでの処理も可能でしたが集客をするための「資産」として考えたときに、アナログの方が効果的であることもあります。

このように、デジタルとアナログを融合させることにより、より集客に効果がある取り組みが可能になります。

## 事業所の業務をＩＴツールで繋ぐスキーム作りで時短と集客を飛躍的に上げる

### 小さな会社は低コストのＩＴ化で効率を上げる

小さな会社の社長さんはとにかくやる事が多いものです。売上に直接関係しない業務までもやらなければならないのが現実です。その忙しさをＩＴ化で緩和できるとしたらどうでしょう。その分、時間の余裕ができ、営業や集客にも頭を使うことができます。

ＩＴツールと聞くと、難しそうだし、資金も掛かるのではと思いがちですが、今は無料であったり、低コストであったり、難しくもないツールが数多くあります。

ここでいくつか使えるものを紹介したいと思います。

### ●ＬＩＮＥ

ＬＩＮＥは、チャット形式でリアルタイム、まるで会話をするように相手とやりとりができる手軽なツールです。相手の名前とアイコン、未読、既読などが表示され、わかりやすいものです。グループ機能を使うことで一度に複数の人と情報共有ができます。ビジネスシーンではさまざまなものに応用可能です。

ビデオ通話・アンケート・キャンペーンの案内・予約受付・クーポン券発行・スタンプカードなど、今までアナログで行ってきたことの大半がＬＩＮＥで可能になります。

### ●予定やスケジュール管理に役立つ【Googleカレンダー】

Googleが無料で提供しているのがGoogleカレンダーです。仕事のスケジュール管理や商談の打ち合わせ、スタッフミーティングなどをオンライン上で確認できるものです。普段利用しているスマートフォンやタブレットにもアカウントの紐付けができるためにスケジュール帳を持ち歩く感覚です。また、スタッフ等の複数の人でスケジュールを共有することもできます。

このツールを使用するには、Googleアカウントを取得していなくてはなりません。無料のツールとしては最強といえます。

### ●ファイル等をオンライン上で保存できる【Googleドライブ】

Googleが提供しているGoogleドライブは、Word や Excel、PowerPoint、音楽や写真、動画などおオンラインストレージで保管しておけるツールです。容量は15GBまであれば無料で使用できます。オンラインストレージですから、パソコンはもちろん、スマートフォンやタブレットからも内容を確認できるのはもちろん、フォルダなどをリアルタイムでお客様に見てもらったりもできることから人気です。使用には、Googleカレンダーと同じようにGoogleアカウントの取得が必要です。

### ●写真はインターネット上に保存する【Googleフォト】

このツールもGoogleが提供しているオンラインストレージのサービスです。PC、スマートフォン、タブレット等で保存された写真をオンライン上で保存できます。大切な写真をバックアップ用に保存しておく便利さがあります。

## ●メモや突然のアイデアなどを保存するツール【Evernote】

突然思い付いたアイデアや記録しておきたい言葉などをメモできるツールです。Evernote（エバーノート）は、普段使っている全ての端末で同期されるために、必要な情報にいつでもアクセスできる便利さがあります。データとしては、テキスト、画像、音声、スキャン、PDFなどが保存できます。また、Gmailの受信トレイからも直接保存できたり、共有もできます。

以上のツールだけでなく、便利なITツールは数多くあり、日々新しいものが生まれています。実際に使ってみて活用できそうであれば導入してみることをおすすめします。小さな会社の業務の効率化はこのような低コストのITツールを少し使うだけでも可能なのです。

### ★得意をみつけ苦手は外注

私が個人ブランディングのお手伝いをさせて頂いている、サッカー元モンゴル代表監督の間瀬秀一氏の事例になります。

各SNSのツールをWEBサイト上でまとめました。同じようにSNSのURLだけをまとめる「リンクツリー」というアプリケーションがありますが、これはリンクを並べるだけなので無機質です。

WEBサイト上では、URLを並べるだけではなく最新の動画がアップされており、オンラインサロンへの導線も確保してあります。

このように「資産」を一箇所に集めることによるメリットは、個人ブランディングが強化しやすく、またメディアからの注目も集めやすいと言うことです。

また、間瀬氏は、Facebookをご自身で書くのですが、ブログは苦手、という事でした。

一見「どちらも文章を書くという意味で同じ行為なのに、Facebookが書けてブログは書けないのはなぜ？」と思うかもしれません。

Facebookは知り合いとつながっており、記事をアップする事で直接の知り合いから「いいね」などのリアクションがある。つまり「直接知っている人に伝えたい、反応を知りたい」という心理が働いていたようです。

その点、不特定多数が見るブログは「直接知っている人に伝える」という欲求を満たせない、という観念があり、投稿に至らなかったようです。

でも、無理してブログを書く必要はありません。Facebookに記事がアップされたら、転載職人がルーティンの如く、ブログに転載してくれれば簡潔です。

このような例からも、何が「資産」になりうるかは人それぞれです。

ただ、共通して言えることは、得意な事をベースにして、苦手を外注すると、生産性が向上すると言う事です。苦手な事はやろうとすればやるほど、手が止まって後回しにしがちですから、得意なことに注力している方が楽に、そして頻度高く更新を行う事ができると思います。

もしかしたら、会議でしゃべっていることを動画として編集したり、テキストに起こす事で、顧客に関心を持ってもらえるかもしれませんし、後から見直せる形にする事で、自社あるいは他社への社員教育の財産になりうるかもしれませんね。

# 補論
# ショート動画時代へ突入

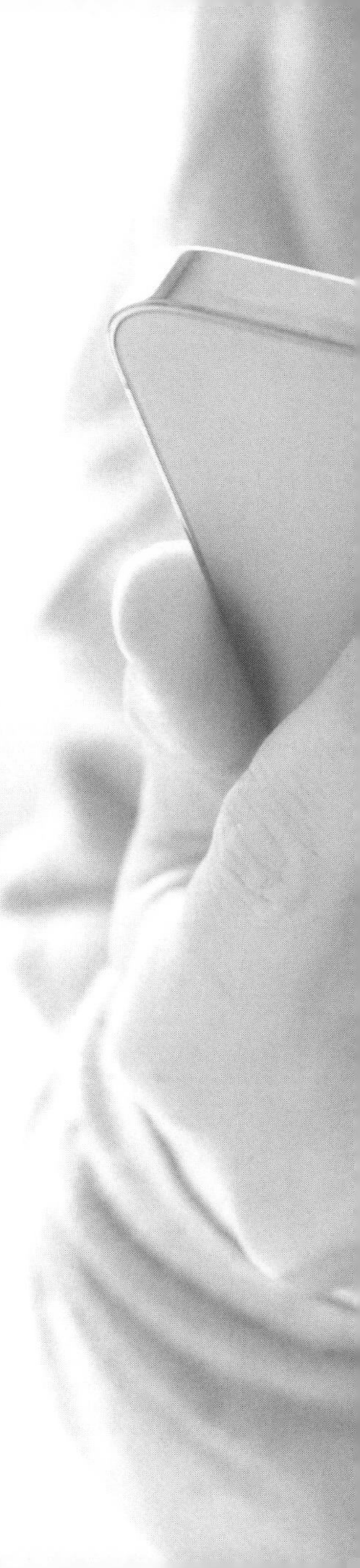

## 時代はショート動画へ

最後に少しだけショートムービーについて触れさせてください。

インターネットが普及してから世の中の情報量は凄まじいものになりました。一説では、人が1日に触れる情報量は、平安時代の一生分の情報量と言われています。

情報過多の時代に、自分にとって優良な情報を選択するためには時間がいくらあっても足りない。そんな時代の流れにやってきたのがショート動画です。

ショート動画とは、縦長・あるいは正方形の動画で1分以内に収める動画のことを言います。Instagram・Facebook・TikTokなどが参入してきています。

## 時代はショート動画ビジネス利用は合わせ技で使え

業種にもよりますが、現時点ではビジネス利用でのショート動画は直接収益に直結しづらい媒体という位置付けになっており、ショート動画→YouTube、ショート動画→LINE公式、ショート動画→WEBサイト　など、集客のフロントとしての役割主流です。とはいえ、商品の単価によっても使い方が違ってきたりします。

たとえば、高額商品でしたら、ショート動画→YouTubeという段階を踏んで納得度を高めてから購入。という流れになりがちですが、単価が高くないものに関しては、ショート動画→

購入、という流れも珍しくありません。わかりやすい例えですと美容院でしょうか。サロンが配信するショート動画を見て気にいると、それが遠方だったとしてもお目当てのサロンに出向く、という事も実は少なくありません。

また、ショート動画はYouTubeと違い視聴者層が若い事も特徴ですので、YouTubeとショート動画をターゲットごとに使い分けてみる事も有効かもしれません。

## さらに加速するスピード感

ショート動画のメインはTikTokが主流かと思いますが、ご安心ください、無理に踊ったりする必要はありません。YouTubeと同じく、コンセプトやテーマに沿った内容で大丈夫です。

ショート動画は、先にお伝えしたとおり、さまざまなプラットフォームが参入してきています。ショート動画の登竜門といえばTikTokですが、たとえば美容系でしたらInstagramが向いているといった、一定の傾向があります。

しかし、大切なのはどのプラットフォームを利用するか、よりも、やはりこちらも「スピード」ではないでしょうか？　とにかくPDCAを回していく事が大切だと感じています。

## 動画単体でバズる可能性が高まる

ショート動画の場合は、YouTubeほど強く「チャンネル」という概念はありませんが、ですのでチャンネル登録者数をYouTubeほどに意識する必要がなくなります。どちらかというと、動画単体としてみられる傾向が強く、それ故に特徴的な視聴者の行動が「シェア」です。

コメントが多くつくと「世の中に求められている」と判断されるのはYouTubeと同じですが、視聴者は気になる動画があると、友人などに即シェアをします。このシェアをされた数も「世の中に求められている」という判断の基準になります。

シェアをしてもらうためには、思わず人に教えたくなるような有益な情報、友達や恋人と共有したくなるような話題性、など、YouTube動画とは視聴者層が違う分、傾向も変わってきます。しかし、最初はあまりあれこれ考えすぎず、とにかくトライアンドエラー、という部分はYouTubeと同じですね。

### ★ビジネス利用としてはこれからがチャンス

実際の数字としてはYouTubeより視聴回数が多い動画も多くあります。たとえば、身近にある小さな疑問「ホームセンターや量販店は本当に安いの？」など、生活に密着した話題は視聴回数がかなり伸びました。

しかし、正直申し上げますと、現時点で売上や集客に直結するような効果は感じられていません。

実際に運用してみて、数字が取れる＝集客や売上に直結するという性質ではないことが良くわかりました。ただし誤解して頂きたくないのは、この性質は業種によるものだとも感じています。

運用してより実感したのは「ショート動画は飛び道具的に使うと効果的」ということです。YouTubeのように、チャンネルという「箱」での考え方より、動画単体をどうバズらせるか、どうシェアをしてもらうか、どうコメントを多くつけてもらうか、といった視点を強化することで、飛び道具としての役割を果たします。

たとえていうのなら、調理人が炎をあげるなどの派手なパフォーマンスにより、顧客にSNSで拡散してもらうようなイメージでしょうか。言葉を選ばずにお伝えするのであれば、ここには「料理の良し悪し」や「職人の腕」は直接は関係ない、とも言える側面もあります。

ショート動画は、このようなサービス内容とは直結しない、今までのPR手法の概念に囚われない使い方も大いにあり、と感じました。

あとは、リクルートツールとしての使い方も効果的だと思います。実際にタクシー会社やリクルートが難しいと言われている建築業でもショート動画で採用が決定した事例もあります。

ショート動画はまだまだ発展途上段階です。ビジネス系の参入が少ないだけに今後の工夫次第ではこれから伸びるプラットフォームで有り、ビジネスという視点で見る分には、現在ブルーオーシャンとも言えます。私も、今後はショート動画を「説明書」的な運用をしていこうかと企画中です。

ショート動画、特にTikTokは撮影も編集も効果音スマホだけで完結する手軽なツールです。視聴者に伝えたい本質を60秒以内で収める技術が必要なため「伝える力」が養われます。

さらに、ショート動画で最速で視聴回数を伸ばすには、同じような業種でバズっているショート動画を参考にしてみてください。こうして、気軽に始められるショート動画で視聴回数を増やし、その体験をモチベーションにして、伝える力も養ったところで次の段階でYouTubeにチャレンジする、という流れも良いのかもしれません。ぜひ、試してみてください。

# あとがき

本書を手に取っていただいた皆様、ここまで読んでいただきありがとうございます。すでにお気づきの方もいるかと思いますが、本書は「BtoF」つまり、ファンを作り上げる戦略です。

大企業と同じ土俵で戦うのでは無く、小さな会社がファンを作り上げる為の戦略です。

私は常々、業界独特の常識というものは、その常識を作り上げた人物に都合が良く作られていると思っています。それは、決して顧客のためとは言えず、顧客の共感を得て、安心感を与えるにはほど遠い常識であり、考え方が偏りがちだと感じています。

例えば、２０１０年「リフォーム業にネット戦略は無理」と、わたしが業界から白い目で見られることになった当時の常識が、今となっては、こぞってネット戦略をしかけるリフォーム業者が表れているという現実。当時、非常識とされていたことが、今では常識となっているのです。

そして、中でも大切なことは、やはり顧客の共感を得ることであり、その上で安心感を与えることだと思います。ＷＥＢ戦略や戦術はその為のシナリオや手段である、と私は考えています。

まずは、本書の内容をどれか一つでもいいので実践してみてください。

いくら頭であれこれ考えていても、その思考は今までの経験からの憶測でしかないのです、過去の経験からの憶測は、過去と同じ未来しか創造できません。

今までと同じことをしていては、今までと同じ結果しか得られないのです。

最後に、この本の出版にあたり私の経験が世に役立つと信じてくださった同友館の佐藤さん。10年前にWEB集客のキッカケを与えてくれた三輪さん。そして、何より、この本のノウハウや事例は、私一人で成し得て来たわけではありません。

スタッフが日々体験しているその積み上げが裏付けとなり、こうして皆さんに実体験としてお届け出来ています。スタッフがいなければ、一行としてこの本が書かれることはなかったと思います。

関係者の皆様、そして本書を手に取って頂いた皆様へ、感謝の気持ちで締めさせていただきます。感謝

【著者紹介】

**小林 忠文**（KOBAYASHI TADAFUMI）

アンシンサービス24有限会社 代表取締役。
1998年、高校卒業と同時にプロサッカー選手になるため、メキシコに行く。
紆余曲折ありながら、メキシコでプロデビューを果たし、2002年、プロを引退し日本へ帰国。サッカー一辺倒だったため就職のコネがあるわけもなく、自動車工場に勤めた後に鍵屋を始め、さらに一年後、鍵屋と並行してリフォーム業をスタートさせ、個人事業主として起業。
その後、2005年に法人化を行い、現在に至る。

2023年8月10日　初版第1刷発行

**小さな会社でも今すぐデキる！ WEB・SNS集客術**

©著　者　小 林 忠 文

企画協力　松 尾 昭 仁
（ネクストサービス株式会社）

発 行 者　脇 坂 康 弘

発行所　株式会社 同友館

〒113-0033 東京都文京区本郷 3-38-1
TEL.03（3813）3966
FAX.03（3818）2774
https://www.doyukan.co.jp/

落丁・乱丁本はお取り替えいたします。
ISBN 978-4-496-05668-0

三美印刷／松村製本所
Printed in Japan